Kit de démarrage en ingénierie de l'IA

Le guide pratique pour concevoir, entraîner et déployer des applications d'IA concrètes avec des LLMs, MLOps et des outils de pointe – des projets étape par étape pour les futurs ingénieurs en IA

Nathan J. Halridge

1ère Édition

ISBN: 978-3-69104-701-1

Lucid Page Media (une marque d'Orbita Media GmbH)
Ericusspitze 4
20457 Hambourg
Allemagne

kontakt@lucidpagemedia.de
https://lucidpagemedia.com/de

Table des matières

Introduction

Imaginez un monde où les industries s'adaptent à la vitesse de la pensée, où les entreprises atteignent leurs clients avant même que les problèmes n'apparaissent, et où de nouvelles carrières s'ouvrent presque du jour au lendemain. Ce n'est pas un rêve d'avenir. C'est déjà une réalité aujourd'hui pour ceux qui exploitent le pouvoir transformateur de l'ingénierie de l'IA.

Vous avez déjà aperçu des éléments de cette révolution : des chatbots pilotés par l'IA qui résolvent les problèmes des clients en quelques secondes, des recommandations personnalisées qui influencent vos expériences d'achat, et des usines intelligentes où la maintenance prédictive évite des pannes coûteuses avant même qu'elles ne surviennent.

Ce ne sont pas des concepts abstraits réservés aux géants de la tech ou aux laboratoires de recherche — ce sont les types d'innovations que des ingénieurs en IA qualifiés développent chaque jour. Et vous êtes à quelques pas seulement de rejoindre leurs rangs.

Pourtant, si vous tenez ce livre entre vos mains, il y a de fortes chances que vous ayez aussi rencontré certains mythes persistants autour de l'IA. Peut-être avez-vous pensé : « *Je ne suis pas assez brillant pour y entrer* », ou encore : « *Mes compétences en mathématiques ne sont pas du niveau d'un doctorat* », voire : « *L'IA est trop vaste, mystérieuse et complexe pour que je puisse y réussir.* » Ces croyances maintiennent des personnes talentueuses et motivées en retrait — spectatrices, tandis que d'autres construisent l'avenir.

Mais voici la vérité : l'ingénierie de l'IA appliquée au monde réel est accessible, pratique et — surtout — apprenable par des développeurs logiciels motivés et des passionnés de technologie comme vous. Ce livre est une invitation à laisser de côté l'intimidation et à adopter une approche pratique grâce à des outils et des techniques qui démystifient le domaine et transforment la curiosité en compétences.

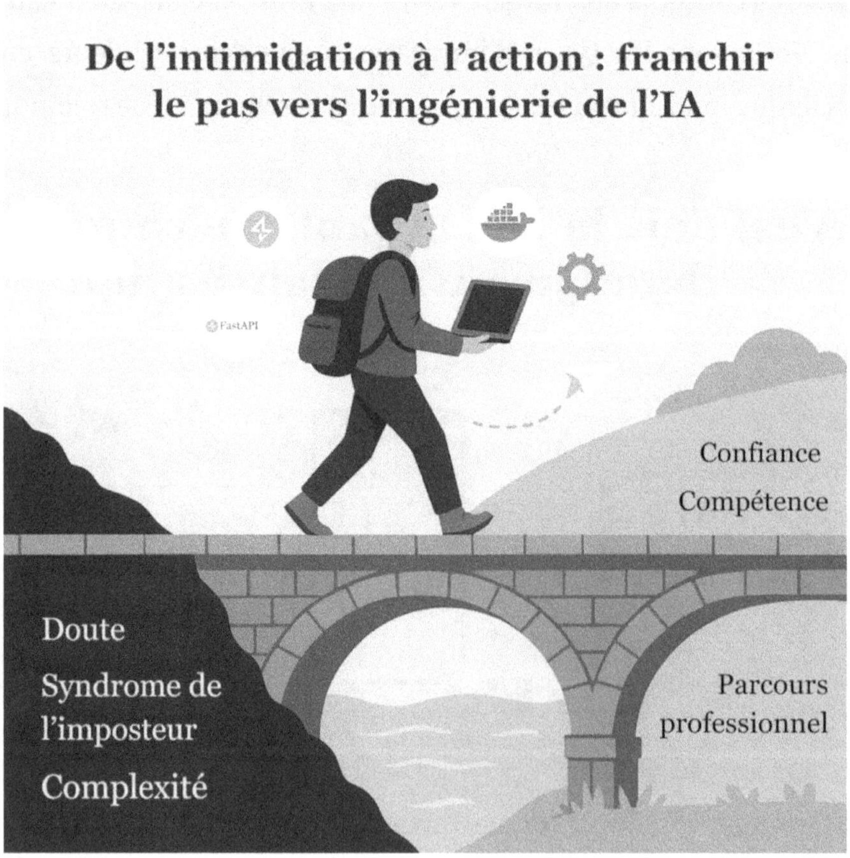

Clarifions maintenant ce que signifie réellement l'ingénierie de l'IA afin que vous sachiez exactement à quoi vous vous engagez. Contrairement à la recherche académique ou à la programmation pure, l'ingénierie de l'IA se situe à l'intersection de l'innovation et de l'utilité. C'est le terrain des bâtisseurs — là où les modèles deviennent des produits, où les algorithmes évoluent en systèmes déployés, et où le code se traduit directement en valeur pour l'entreprise.

En tant qu'ingénieur en IA, vous ne vous contentez pas d'entraîner des modèles à des fins d'expérimentation — vous concevez, implémentez et livrez des solutions qui résolvent de vrais problèmes. Qu'il s'agisse de déployer un moteur de recommandations pour des millions d'utilisateurs, d'empaqueter un modèle avec Docker pour un déploiement fluide, ou de surveiller les performances d'un système avec MLflow, votre rôle est de rendre l'IA concrète et impactante. C'est ce qui vous distingue des théoriciens ou des amateurs. C'est pourquoi l'ingénierie de l'IA est aujourd'hui l'une des compétences les plus recherchées dans le secteur technologique.

Ce livre n'est pas une énième vue théorique ni un manuel technique dense destiné à prendre la poussière sur une étagère. Le parcours qui vous attend repose sur l'action, pas seulement sur la lecture. Chaque chapitre inclut des exercices pratiques et basés sur des projets, conçus pour vous aider à évoluer d'un apprenant conceptuel vers un bâtisseur capable de constater des résultats réels.

En vous attaquant à des projets concrets, en déployant de véritables applications d'IA et en intégrant des outils essentiels comme FastAPI, Docker et MLflow, vous développerez bien plus que des connaissances — vous constituerez un portfolio de systèmes fonctionnels et déployables. Ce portfolio sera un puissant témoignage de vos compétences, vous aidant à vous démarquer sur le marché de l'emploi. Chaque exercice a été soigneusement choisi pour sa pertinence avec la manière dont l'IA est réellement conçue et déployée dans les organisations modernes, afin que vous ne vous contentiez pas de suivre des instructions — mais que vous créiez de véritables solutions démontrables.

Pour faciliter votre parcours et accélérer vos progrès, ce livre s'accompagne d'un ensemble de ressources complémentaires puissantes. Dès le début, vous aurez accès au *GitHub Portfolio Blueprint* — un guide clair et professionnel pour rassembler, présenter et expliquer vos projets. Vous débloquerez également le *AI Career Kit*, qui contient des atouts pour renforcer votre CV, des modèles de lettres de motivation personnalisables et des listes de contrôle soigneusement sélectionnées pour vous aider à vous démarquer lors de candidatures très concurrentielles. Ce sont les mêmes stratégies que les meilleurs ingénieurs utilisent pour décrocher des entretiens et démontrer leur valeur.

L'objectif est simple : vous fournir une boîte à outils complète qui soutient votre apprentissage, clarifie votre message et vous fait passer rapidement de l'acquisition de compétences aux candidatures — avec assurance et des preuves claires de ce que vous savez faire.

La structure de ce livre suit une feuille de route claire et logique. Nous commencerons par les concepts fondamentaux, afin que chacun dispose de la compréhension de base nécessaire pour formuler les problèmes et choisir des solutions efficaces. Nous passerons ensuite aux outils essentiels — bibliothèques Python, frameworks et utilitaires de l'écosystème — utilisés par tout ingénieur en IA compétent.

Vous progresserez ensuite au fil d'une série de tutoriels pratiques, dont la complexité et le réalisme augmentent : ingestion de données, prétraitement, entraînement des modèles, évaluation et ajustement fin (*fine-tuning*). Nous aborderons ensuite les stratégies de déploiement, de la conteneurisation avec Docker à l'exposition via API avec FastAPI.

Mais aucun système d'ingénierie n'est complet sans excellence opérationnelle : vous apprendrez donc les pratiques du secteur en matière de supervision (*monitoring*), de journalisation (*logging*) et d'amélioration itérative — des habitudes professionnelles qui distinguent les ingénieurs en IA sur le terrain. Enfin, nous nous concentrerons sur la conversion de vos compétences en accélération de carrière : réseautage, entretiens techniques et utilisation de votre portfolio pour atteindre les équipes et les postes qui vous motivent le plus.

Chaque section s'appuie sur la précédente, vous guidant pas à pas vers une compréhension plus approfondie — tout en consolidant, à chaque étape, des compétences pratiques, prêtes pour l'emploi.

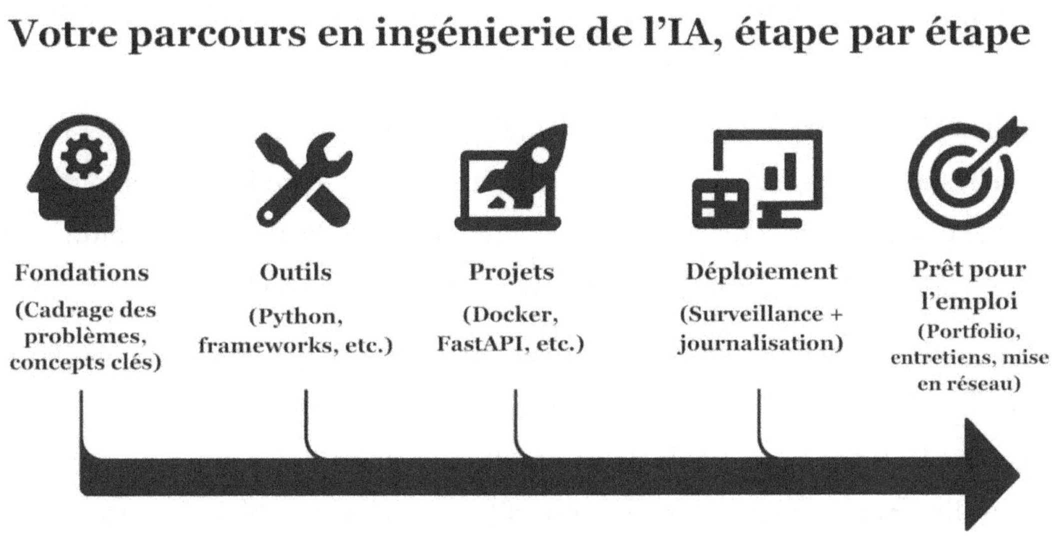

Je comprends que vous ayez peut-être à concilier bien plus que cette seule ambition. De nombreux lecteurs de ce livre jonglent avec des emplois exigeants, des obligations familiales ou des emplois du temps académiques chargés. C'est pourquoi l'approche d'apprentissage proposée ici est volontairement progressive et flexible. Les exercices sont modulaires — vous pouvez les aborder un par un, intégrer l'apprentissage à vos trajets ou à vos soirées, et revenir sur les sections plus difficiles chaque fois que vous avez besoin de consolidation.

Si vous préférez apprendre avec d'autres, des suggestions pour l'étude en groupe et des listes de contrôle pour la collaboration sont incluses afin de rendre le travail en équipe fluide. Des efforts réguliers, même petits, s'additionnent en un progrès significatif. Ce livre respecte votre temps et vos contraintes, et vous aide à construire régulièrement votre élan — que vous disposiez de plusieurs heures ou seulement de quelques minutes par jour.

Vous avez toutes les raisons de faire confiance à cette feuille de route. Ma propre carrière s'est façonnée au fil d'années consacrées à la conception et au déploiement de solutions basées sur l'IA dans divers secteurs — de la finance et de la fabrication à la santé et au commerce en ligne. J'ai travaillé avec des équipes de classe mondiale, recruté et encadré de nouveaux ingénieurs, et j'ai vu de mes propres yeux ce qui distingue ceux qui rêvent de ceux qui réalisent.

En parallèle de mon expérience professionnelle, les meilleures recherches et pratiques industrielles ont été distillées dans des cadres accessibles et actionnables tout au long de ce livre. Chaque page reflète un engagement envers la clarté, l'accessibilité et l'utilité concrète — une synthèse forgée sur le terrain de l'ingénierie de l'IA.

Si vous vous êtes déjà demandé si le moment était venu d'agir, considérez ceci comme votre signal : il n'y a pas de meilleur moment que maintenant. Les barrières à l'entrée n'ont jamais été aussi basses, et la demande de bâtisseurs — des ingénieurs capables de concevoir, livrer et maintenir des solutions d'IA — n'a jamais été aussi forte.

En ouvrant ce livre, vous avez déjà franchi la première étape, la plus importante, vers un avenir rempli de possibilités que vous pouvez façonner. Votre prochaine percée pourrait redéfinir votre carrière, votre communauté ou même votre propre vision de ce qui est possible.

Alors, pourquoi attendre ? Passez au chapitre 1, retroussez vos manches et commencez à construire — tout comme des milliers d'autres qui transforment leur carrière grâce à l'ingénierie de l'IA. Vos futurs collègues, votre prochain employeur et vos ambitions créatives vous attendent de l'autre côté.

Avec les bons conseils, des ressources adaptées et une attention portée à l'action plutôt qu'à l'abstraction, le monde de l'IA concrète et impactante est à votre portée. Commençons — votre parcours d'ingénieur en IA commence maintenant.

Chapitre 1
Démarrage de l'ingénierie de l'IA : déverrouiller l'avenir

Vous êtes-vous déjà demandé ce qu'il faut pour construire des systèmes intelligents capables d'apprendre à partir de données et de prendre des décisions comme des humains ? Comment les ingénieurs en IA transforment-ils des algorithmes complexes en outils pratiques utilisés chaque jour dans des domaines tels que la santé, la finance ou la fabrication ?

Beaucoup de personnes supposent que l'entrée dans ce domaine exige un talent extraordinaire ou des compétences avancées en mathématiques — mais est-ce vraiment le cas ? Et si l'expérience pratique et la régularité de l'entraînement comptaient davantage que les connaissances théoriques seules ? Ce type de questions décourage souvent des aspirants motivés d'explorer les opportunités offertes par l'ingénierie de l'IA.

Ce chapitre est là pour remettre en question ces idées reçues et montrer comment l'apprentissage pratique et les projets concrets peuvent ouvrir les portes de cette carrière en pleine croissance. Vous découvrirez comment l'application progressive de vos compétences, l'utilisation d'outils accessibles et la constitution d'un solide portfolio peuvent devenir les clés du succès en ingénierie de l'IA.

La promesse concrète de l'ingénierie de l'IA

L'ingénierie de l'intelligence artificielle (IA) se situe à la croisée de l'informatique, de l'analyse de données et de l'ingénierie — offrant des trajectoires professionnelles qui dépassent rapidement les rôles traditionnels des technologies de l'information (IT). Les ingénieurs en IA conçoivent et affinent des algorithmes qui permettent aux machines d'imiter le raisonnement humain, de s'adapter à de nouvelles données et de prendre des décisions complexes.

Contrairement aux professionnels IT conventionnels — qui gèrent généralement des systèmes, des réseaux ou du code dans des cadres prédéfinis — les ingénieurs en IA se concentrent sur l'innovation. Ils construisent des solutions intelligentes et adaptatives à partir de zéro ou améliorent des systèmes existants pour des performances optimisées. Par exemple, alors qu'un administrateur systèmes IT peut résoudre des problèmes de serveur, un ingénieur en IA développe des modèles capables de prédire et de prévenir les pannes avant qu'elles ne surviennent (Johns Hopkins University, 2024).

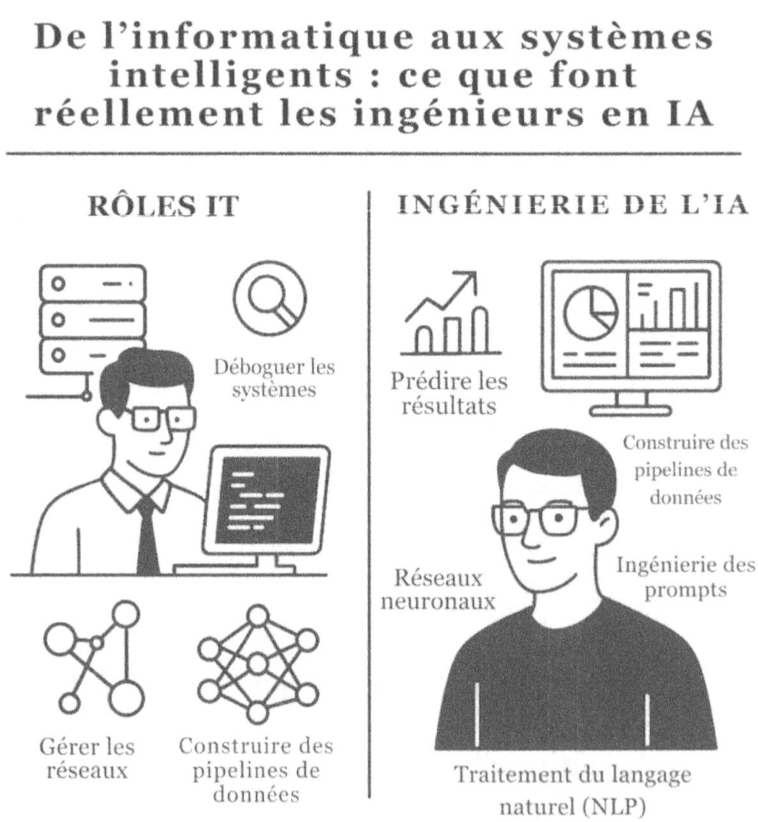

Les compétences techniques clés pour réussir cette transition incluent l'apprentissage profond (*deep learning*), les réseaux de neurones, le traitement des données massives (*big data processing*) et le traitement du langage naturel (NLP). Ces capacités permettent aux ingénieurs de proposer des solutions uniques et tournées vers l'avenir. Un exemple émergent est le rôle de *prompt engineer* — une personne qui conçoit des requêtes permettant de guider les systèmes d'IA vers des résultats équilibrés et précis — un métier qui n'existait même pas il y a dix ans (University of San Diego, 2024).

En termes de postes réels, le marché demande des spécialistes de l'IA dans une large gamme de rôles : ingénieur en apprentissage automatique (*machine learning engineer*), spécialiste NLP, éthicien de l'IA, *AI prompt engineer* et ingénieur en automatisation robotique (University of San Diego, 2024). Ces professionnels travaillent dans des secteurs bien au-delà des entreprises technologiques traditionnelles, notamment l'automobile, l'aéronautique, la santé et la finance.

Les tendances en matière de salaires et d'emploi confirment ce basculement : les salaires médians des ingénieurs en apprentissage automatique aux États-Unis dépassent régulièrement 120 000 dollars, et LinkedIn rapporte une croissance annuelle de 74 % des postes liés à l'IA entre 2016 et 2021. De grands employeurs tels que Google, IBM et Amazon publient régulièrement des milliers d'offres pour des professionnels de l'IA — preuve d'une expansion rapide et durable des carrières.

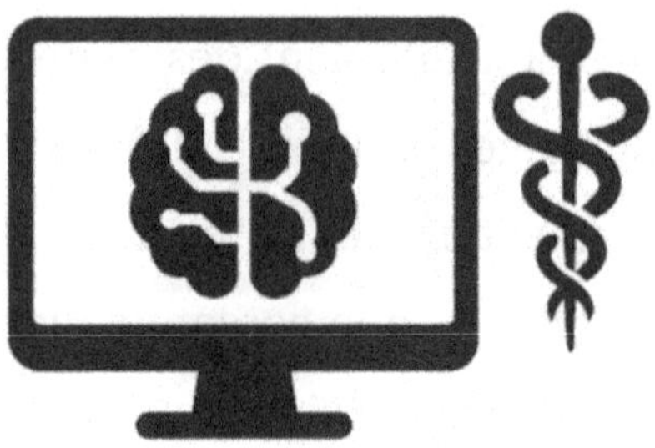

SANTÉ

FINANCE

FABRICATION

SERVICE CLIENT

L'innovation portée par l'IA transforme désormais des industries autrefois lentes à évoluer.

Dans le domaine de la santé, l'IA révolutionne la précision et la rapidité des diagnostics. Au *Memorial Sloan Kettering Cancer Center*, des modèles avancés d'apprentissage profond analysent des mammographies et des lames de pathologie, atteignant des taux de détection du cancer du sein allant jusqu'à 99 % tout en réduisant les erreurs de diagnostic chez les radiologues. L'Université de Californie à San Francisco utilise le traitement du langage naturel basé sur l'IA pour résumer les antécédents médicaux des patients et suggérer des plans de traitement, exploitant d'immenses volumes de données médicales afin d'améliorer les résultats et l'efficacité. Ces applications permettent de gagner du temps — et de sauver des vies — avec des résultats mesurables.

Dans la finance, l'IA sert d'outil puissant contre la fraude et les cybermenaces. La plateforme COiN de J.P. Morgan utilise le traitement du langage naturel et l'apprentissage automatique pour analyser des millions de documents juridiques, en extrayant les informations clés en quelques secondes au lieu de plusieurs heures. Le système de détection de fraude basé sur l'IA de Capital One a empêché plus de 150 millions de dollars de transactions frauduleuses en une seule année, en utilisant l'apprentissage automatique pour examiner des millions de transactions et identifier des schémas suspects — réduisant considérablement les faux positifs et renforçant la protection des clients.

Dans le secteur manufacturier, l'IA permet la maintenance prédictive et l'automatisation robotique. Siemens et General Electric déploient des modèles d'apprentissage automatique sur leurs lignes de production afin de surveiller les données issues de capteurs — telles que la température, les vibrations ou l'utilisation des équipements — pour anticiper et prévenir les pannes avant qu'elles ne surviennent (Johns Hopkins University, 2024). Ford Motor Company, par exemple, a réduit de 30 % les arrêts de chaîne d'assemblage après avoir mis en œuvre la maintenance prédictive pilotée par l'IA, économisant ainsi des millions chaque année. Parallèlement, des entreprises comme Fanuc utilisent des réseaux de neurones pour le contrôle qualité en temps réel, réduisant jusqu'à 70 % la production défectueuse.

Les capacités de résolution de problèmes de l'IA apportent également des gains directs d'efficacité dans les services clients et la logistique. Le chatbot Erica de Bank of America gère plus de 10 millions d'interactions clients par mois, réduisant les temps d'attente moyens de 65 % et détournant jusqu'à 30 % des demandes courantes des agents humains vers l'automatisation intelligente. En logistique, Amazon exploite l'IA pour optimiser ses chaînes d'approvisionnement — en équilibrant prévisions de la demande, localisation des entrepôts et itinéraires de livraison — ce qui a permis de réduire les délais de livraison de 40 % tout en diminuant fortement les coûts opérationnels (Johns Hopkins University, 2024).

Les startups alimentent une grande partie de cette dynamique sectorielle. Scale AI, qui fournit des services d'annotation de données pour les véhicules autonomes, a récemment atteint une valorisation de 7 milliards de dollars. Olive, une startup de la santé numérique, utilise l'IA pour automatiser le traitement des demandes de remboursement d'assurance, libérant ainsi le personnel hospitalier de tâches administratives répétitives. UiPath, leader de l'automatisation des processus robotisés (RPA), est valorisé à plus de 10 milliards de dollars et poursuit son expansion mondiale afin de répondre à la demande croissante en outils d'automatisation d'entreprise basés sur l'IA.

Les tendances en matière de recrutement reflètent un appétit mondial pour les ingénieurs en IA. Selon le rapport *Future of Jobs* du Forum économique mondial, la demande de compétences en IA et en big data devrait croître de 16 % d'ici 2025 (University of San Diego, 2024). Bien que les grands pôles technologiques comme San Francisco, Toronto, Londres et Bangalore dominent en matière de recrutement, des secteurs tels que la santé, l'automobile et la finance se livrent également une forte concurrence pour attirer les talents en IA.

Cette évolution claire et appuyée par les données souligne l'urgence de former des professionnels capables de concevoir, d'améliorer et de réguler la prochaine génération de solutions basées sur l'IA. Elle remet en cause l'idée selon laquelle ce domaine serait inaccessible — et prépare le terrain pour une exploration plus approfondie des mythes et réalités qui façonnent aujourd'hui l'ingénierie de l'IA.

Briser les mythes : l'ingénierie de l'IA expliquée

Beaucoup de gens pensent que seuls de rares génies peuvent réussir en ingénierie de l'IA. Ce « mythe du génie » décourage des personnes compétentes d'essayer même d'entrer dans ce domaine. En réalité, l'ingénierie de l'IA est une compétence qui se développe grâce à des efforts répétés, au retour d'expérience et à la résolution de problèmes quotidiens. Certains des ingénieurs en IA les plus accomplis d'aujourd'hui ont commencé avec des capacités de programmation modestes, souvent acquises lors de cours courts, de programmes parascolaires ou de tutoriels en ligne. Grâce à un engagement constant et à la persévérance, ils ont construit leurs compétences pas à pas.

Un exemple largement cité concerne des programmeurs autodidactes qui ont débuté avec de simples scripts Python et ont fini par contribuer à des projets open source en IA — avant d'évoluer vers des postes dans de grandes entreprises technologiques. Cette approche progressive, guidée par l'expérience, reflète une vérité plus générale : dans le domaine technologique, la pratique régulière compte souvent davantage que le génie inné (Hornberger et al., 2023). Pour les lecteurs, la conclusion est claire : la patience, la curiosité et la répétition pratique valent plus que tout prétendu don naturel.

Une autre idée reçue fréquente est que de solides compétences en mathématiques — en particulier en calcul différentiel — seraient indispensables pour tous les rôles en ingénierie de l'IA. Si les chercheurs théoriques s'appuient fortement sur l'algèbre linéaire avancée, le calcul différentiel et les statistiques, la plupart des postes d'ingénierie pratique exigent seulement une compréhension de base des concepts essentiels. Les ingénieurs en IA débutants bénéficient de connaissances en algèbre élémentaire, en probabilités et en statistiques, utiles pour interpréter les résultats des modèles et évaluer leurs performances.

Grâce aux bibliothèques et frameworks modernes, une grande partie de la complexité sous-jacente est désormais abstraite. Des outils comme TensorFlow, Keras et Scikit-Learn permettent d'appliquer de puissants algorithmes d'apprentissage automatique avec une simple compréhension conceptuelle de leur fonctionnement interne. (Why Age 13–19 Is Ideal for Learning AI: The Science behind Teen AI Mastery – LearnWithPride, 2025). Plutôt que de dériver à la main des gradients ou des fonctions de probabilité, les ingénieurs se concentrent sur la création de pipelines, l'ajustement des modèles et l'interprétation des résultats. Les mathématiques deviennent ainsi un outil utile — accessible en cas de besoin, mais qui ne constitue plus une barrière rigide.

Les employeurs, eux aussi, déplacent leur attention de la théorie vers la pratique. Lorsqu'ils recrutent des ingénieurs en IA, ils privilégient de plus en plus l'expérience concrète : travail sur de vrais jeux de données, contribution à des projets collaboratifs, participation à des hackathons ou résolution de défis de programmation pratiques. Ils veulent voir que les candidats ont déployé des modèles, utilisé Git pour le contrôle de version ou collaboré dans des environnements de travail en équipe.

Les descriptions de poste mentionnent fréquemment des exigences telles que « Expérience avec Python et TensorFlow », « Capacité à gérer de grands jeux de données » ou « Solides compétences en débogage », tout en omettant les attentes en mathématiques avancées sauf pour les rôles de recherche. Les employeurs manifestent également un intérêt croissant pour l'ingénierie des prompts et la conception d'interactions avec l'IA — des compétences souvent développées par l'expérimentation et l'usage concret, plutôt que par l'étude académique (Why Age 13–19 Is Ideal for Learning AI: The Science behind Teen AI Mastery – LearnWithPride, 2025). Les recherches confirment que les apprenants qui acquièrent une expérience pratique et appliquent leurs compétences dans des projets sont mieux préparés au monde professionnel (Hornberger et al., 2023).

Les barrières techniques à l'ingénierie de l'IA ont chuté de façon spectaculaire grâce aux plateformes accessibles et aux bibliothèques open source. Autrefois, construire un modèle d'IA nécessitait des connaissances avancées en programmation et du matériel coûteux. Aujourd'hui, des plateformes comme Google Colab offrent des environnements gratuits dans le cloud où les apprenants peuvent exécuter instantanément du code Python. Des bibliothèques telles que NumPy et Pandas simplifient la gestion des données, tandis que TensorFlow, Keras et Scikit-Learn proposent des modèles prêts à l'emploi pour l'apprentissage automatique.

Même les débutants disposant de compétences élémentaires en programmation peuvent construire des modèles fonctionnels dès le premier jour. Des outils comme Visual Studio Code et Jupyter Notebook rendent la programmation plus lisible et interactive, abaissant encore davantage la courbe d'apprentissage (Why Age 13–19 Is Ideal for Learning AI: The Science behind Teen AI Mastery – LearnWithPride, 2025). De récentes études montrent même des adolescents utilisant ces outils pour réaliser des projets sophistiqués — allant de la création de chatbots pour leurs camarades à l'analyse de situations réelles via le machine learning.

Parcours pratiques vers l'ingénierie de l'IA

La manière la plus fiable d'entrer dans ce domaine consiste à commencer par de petits projets de programmation et à explorer progressivement les bibliothèques d'IA. De nombreux apprenants réussissent à prendre de l'élan en résolvant de vrais problèmes — automatiser des tâches, analyser des données personnelles ou participer à des compétitions en ligne — plutôt qu'en attendant une préparation théorique parfaite.

Trouver des mentors et participer à des communautés d'apprentissage, en ligne ou via l'école, offre un retour d'expérience précieux et une orientation utile. Constituer un portfolio de projets pratiques et pertinents permet aux apprenants de mettre en valeur leurs compétences d'une manière reconnue par les employeurs.

Cette approche fournit un point d'entrée clair et valorisant dans l'ingénierie de l'IA. Vous n'avez pas besoin de génie, de mathématiques avancées ni d'outils coûteux — seulement de la curiosité, de la régularité et la volonté de vous confronter à de vrais problèmes (Hornberger et al., 2023 ; *Why Age 13–19 Is Ideal for Learning AI: The Science behind Teen AI Mastery – LearnWithPride*, 2025).

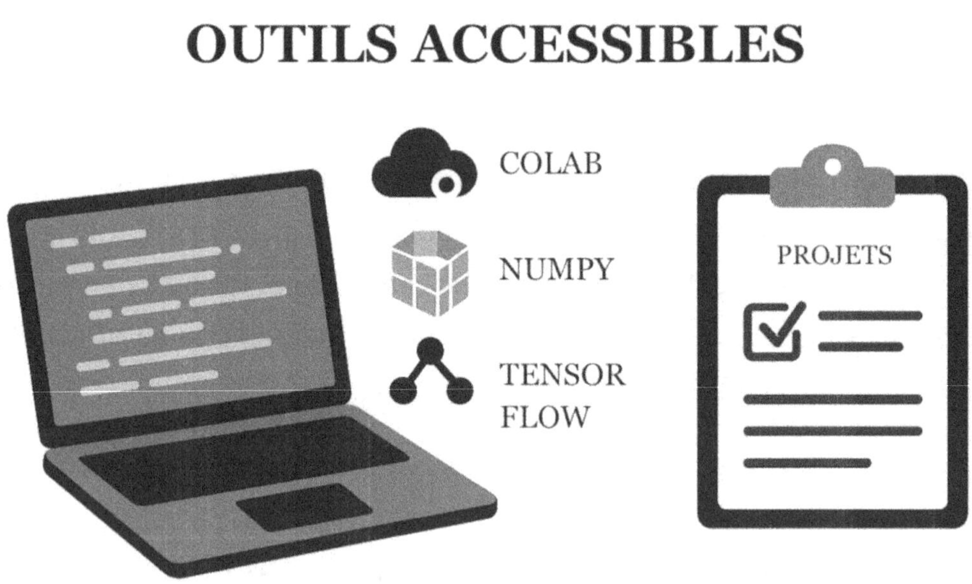

Projet d'abord, théorie ensuite : apprendre en faisant

Rétention des connaissances par l'application

S'impliquer directement dans des projets pratiques ancre les connaissances d'une manière qu'aucun cours magistral ni théorie seule ne peut offrir. Lorsqu'un apprenant construit quelque chose de concret, chaque ligne de code et chaque choix de conception deviennent des repères mémoriels actifs. Par exemple, créer un modèle d'IA pour classifier des chiffres manuscrits avec un réseau de neurones enseigne bien plus sur l'apprentissage automatique que de simplement lire à ce sujet.

Le travail sur projet révèle des subtilités — comme le prétraitement des données, le réglage des hyperparamètres ou le débogage des erreurs logiques — que la théorie maintient dans l'abstraction. Ces défis — et le processus qui permet de les surmonter — approfondissent la compréhension et favorisent la rétention à long terme (Northwest, n.d.). Être confronté à de vrais obstacles d'implémentation oblige les apprenants à revisiter et renforcer la théorie sous-jacente, transformant la mémoire à court terme en savoir durable.

Le travail pratique met également en évidence la différence entre savoir quoi faire et savoir comment le faire. Un étudiant peut réciter les étapes de la descente de gradient, mais l'implémenter révèle pourquoi certains algorithmes convergent plus vite ou comment les taux d'apprentissage influencent les résultats. Ces expériences exposent des lacunes cachées et renforcent la maîtrise, l'adaptabilité et la résilience technique (Schools, 2025). Les concepts abstraits deviennent ainsi des outils que l'apprenant peut utiliser avec assurance.

L'impact du développement de portfolio

Dans les rôles liés à l'IA et à la technologie, les employeurs se soucient moins des relevés de notes que des preuves concrètes. Un portfolio de projets terminés et pertinents démontre l'initiative, la compétence technique et la capacité à résoudre des problèmes.
Par exemple, un candidat postulant à un poste en science des données pourrait inclure un moteur de recommandations de films ou une visualisation de tendances sociales à

grande échelle. Les portfolios solides présentent des synthèses concises décrivant le problème, la pile technologique (*tech stack*), les défis rencontrés et les résultats mesurables — comme des améliorations de performance ou des retours d'utilisateurs. Des dépôts GitHub, des vidéos de démonstration et des tableaux de bord interactifs offrent une preuve concrète de compétence.

Les portfolios l'emportent souvent sur les diplômes académiques. Face à deux candidats — l'un avec des notes parfaites en cours d'IA et l'autre avec une moyenne légèrement inférieure mais plusieurs projets publics sur GitHub — c'est généralement ce dernier qui se distingue. Il a démontré un savoir appliqué (Schools, 2025).

Les portfolios modernes incluent également du code annoté, des articles de blog explicatifs et des témoignages d'utilisateurs, offrant aux recruteurs un aperçu de la créativité, des compétences en communication et du parcours de progression d'un candidat — des qualités que les notes ne peuvent refléter (Northwest, n.d.).

Réussite en entretien

L'expérience pratique transforme les entretiens en occasions de partager un récit concret. Les candidats peuvent faire référence à des projets spécifiques, en décrivant comment ils ont débogué un modèle défaillant, adopté un nouveau framework sous pression ou optimisé un chatbot en production (Schools, 2025).

Cette approche met en valeur la résolution concrète de problèmes et la réflexion stratégique. Les recruteurs sont impressionnés par les candidats capables de présenter l'architecture d'un système, de discuter des compromis de conception et d'expliquer des choix liés aux performances ou à la sécurité.

Lors des segments de programmation en direct, l'expérience avec différentes API ou frameworks renforce la confiance. En s'appuyant sur leur portfolio, les candidats mettent en avant non seulement leur éventail technique, mais aussi des compétences transversales comme la collaboration et l'initiative. Partager des extraits de code, des liens de démonstration ou des applications en ligne rend les réponses mémorables et crédibles (Northwest, n.d.).

Intégration des compétences techniques

Les projets en IA exigent des compétences interdisciplinaires — non seulement la conception de modèles, mais aussi la gestion des données, la conception d'interfaces, l'application des bases de la sécurité et la prise en compte des retours utilisateurs. Un seul projet peut impliquer du scripting Python, des bases de données SQL, TensorFlow pour l'entraînement et React pour l'interaction avec l'utilisateur. Ces compétences reflètent les environnements de production réels.

Les projets enseignent également le contrôle de version, les tests, le déploiement et la supervision — des compétences souvent sous-estimées dans le milieu académique. Les apprenants se familiarisent avec des outils comme Git, Docker et les plateformes cloud. Dans les projets en équipe, ils apprennent aussi la documentation, la gestion des tâches et les relectures par les pairs — des habitudes très appréciées des employeurs (Schools, 2025).

Mener un projet de l'idée jusqu'au déploiement signifie apprendre à gérer l'ambiguïté et l'itération du monde réel — des compétences essentielles dans des carrières technologiques à rythme rapide (Northwest, n.d.).

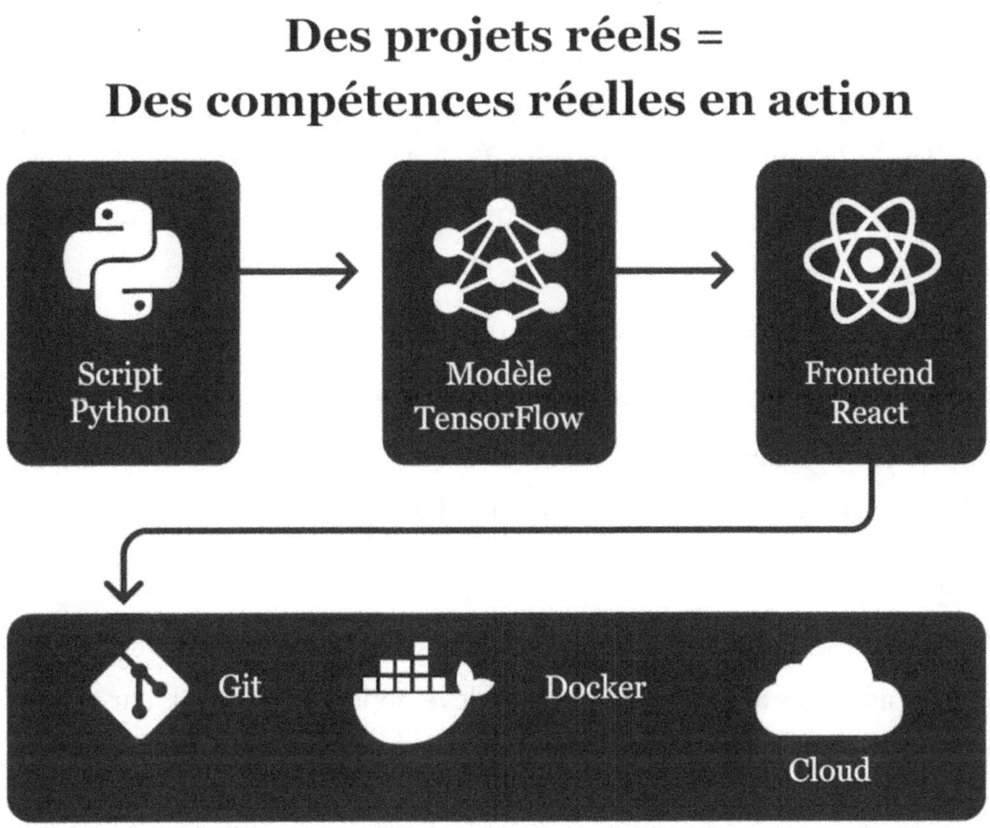

Des bonus vraiment utiles : des outils pour un succès concret

Au cœur d'une application d'IA solide se trouve un portfolio clair et professionnel. Le *Portfolio Blueprint* aide à organiser vos dépôts GitHub : code, données, documentation et résultats sont rangés dans des dossiers clairement nommés. Chaque projet inclut un fichier README standardisé avec des sections telles que aperçu, installation, utilisation, éléments clés et enseignements tirés.

Cette structure permet aux recruteurs d'évaluer rapidement votre travail. Un projet d'apprentissage automatique bien documenté peut comporter un tableau de performances, des liens vers des notebooks Jupyter et des points clés présentés sous forme de liste — le tout visible en un coup d'œil. Une documentation claire et cohérente donne à un simple modèle de régression une allure prête pour l'emploi (luminousmen, 2022).

Les bons candidats rédigent également des README qui expliquent non seulement ce qui a été construit, mais aussi comment, pourquoi et ce qu'ils amélioreraient ensuite — révélant ainsi leur état d'esprit et leur potentiel de progression.

Les ***Modules pour booster votre CV*** fournissent des puces pré-rédigées, axées sur les résultats, adaptées aux rôles en IA et en développement logiciel. Par exemple :
✓ « Amélioration de la vitesse d'inférence du modèle de 30 % grâce à l'optimisation TensorRT »
✗ « Travaillé sur l'accélération des modèles ».

De bonnes entrées incluent des métriques ou une portée claire :
✓ « Déploiement d'une solution de chatbot prenant en charge 50 000 utilisateurs via AWS Lambda »
Ces formulations surpassent les déclarations vagues et franchissent les filtres des systèmes de suivi des candidatures (ATS) grâce à des mots-clés pertinents (Job, 2025).

Des listes comparatives facilitent l'amélioration des formulations :
✓ « Automatisation du nettoyage des données avec pandas, réduisant le temps de prétraitement de 90 % »
✗ « Travaillé avec des données en Python »
Avec les *Accelerators*, vous améliorez votre CV ligne par ligne en toute confiance.

Les ***check-lists du Career Kit*** décomposent votre recherche d'emploi en actions hebdomadaires :
– Actualiser le contenu du portfolio
– Postuler à 5 postes ciblés
– Assister à 1 événement IA
– Mettre à jour le titre LinkedIn
– Publier un article de blog ou une mise à jour de projet

Avant les entretiens, vous êtes encouragés à vous entraîner avec des réponses au format STAR et à préparer des récits mettant en avant vos réussites techniques et relationnelles. Les objectifs de réseautage incluent la étendre votre réseau professionnel, la participation à des événements open source et le partage de vos travaux sur des forums. Ces systèmes favorisent une implication constante et visible (luminousmen, 2022).

Les ***Showcase Power Tips*** vous aident à vous démarquer :
– Épingler vos meilleurs dépôts GitHub
– Utiliser des tags comme « NLP » ou « FastAPI » dans les descriptions de projet
– Ajouter des badges README pour les tests ou l'état des builds
– Intégrer des vidéos de démonstration ou des GIFs

Sur LinkedIn, votre section « À propos » met en avant vos compétences clés et vos résultats. Votre activité reflète vos contributions à l'open source, vos commentaires sur des publications liées à l'IA ou le partage de vos étapes d'apprentissage — des actions qui renforcent votre visibilité. Les communautés IA sur Slack, Discord et X offrent une visibilité et des opportunités d'apprentissage supplémentaires (Job, 2025).

Comment utiliser ce livre pour transformer votre carrière

Les professionnels actifs s'épanouissent grâce à un apprentissage progressif et régulier. Divisez les sujets complexes en courtes sessions régulières — 20 à 30 minutes par jour sont plus efficaces que des marathons le week-end (Jankowski, 2018).

Utilisez des agendas numériques pour bloquer des créneaux d'apprentissage. Stockez vos supports dans le cloud pour y accéder rapidement pendant les pauses ou les trajets. Fixez-vous des micro-objectifs : lire deux pages, réviser un concept ou écrire une fonction de base. Scindez les chapitres complexes en 3 à 5 objectifs quotidiens — par exemple, apprendre les convolutions un jour, les fonctions d'activation le lendemain.

Les apprenants en solo peuvent utiliser des techniques comme :
– Coder de petits exemples
– Réviser avec des cartes mémoire (*flashcards*)
– Expliquer ou dessiner des concepts de mémoire
– Utiliser des applications de répétition espacée (*spaced repetition*)

Ces approches renforcent la mémoire tout en gardant l'effort gérable (Stine-Morrow et al., 2014).

L'apprentissage en groupe apporte un cadre structuré et des retours constructifs. De petites équipes peuvent se réunir chaque semaine pour des relectures par les pairs, des mises à jour de projet ou des revues de code. L'enseignement tournant et le codage collaboratif maintiennent les sessions dynamiques et productives.

L'apprentissage hybride fonctionne également : étudiez seul, puis partagez vos questions ou idées avec un groupe de manière asynchrone ou via de courts appels.

Suivez vos progrès avec des indicateurs simples :
– Chapitres terminés
– Projets lancés
– Problèmes de code résolus
Pratiquez une auto-évaluation hebdomadaire : qu'avez-vous appris, où sont vos lacunes et quelle est la prochaine étape ?

Le retour des pairs approfondit la réflexion. Échangez du code ou des synthèses, utilisez des grilles d'évaluation et alternez la personne qui anime la session. La structure renforce l'engagement et consolide la boucle d'apprentissage.

Enfin, appliquez l'IA au travail. Automatisez des rapports, analysez des données internes ou optimisez un petit flux de travail. Documentez l'impact — temps gagné, erreurs réduites, résultats améliorés. Ces petites victoires démontrent la valeur appliquée et renforcent votre crédibilité.

Suivez les indicateurs métiers liés à vos travaux — économies réalisées, meilleures analyses ou gains d'efficacité — et recueillez les retours de vos responsables. Ces réussites peuvent accélérer votre évolution professionnelle, accroître la visibilité de votre portfolio et créer de nouvelles opportunités. (Stine-Morrow et al., 2014 ; Jankowski, 2018).

Réflexions finales

Maintenant que nous avons exploré l'impact transformateur de l'ingénierie de l'IA, dissipé les idées reçues et mis en évidence la valeur de l'apprentissage pratique soutenu par des outils concrets, vous êtes prêt à aborder ce domaine dynamique avec confiance.

En appliquant les stratégies et les ressources présentées dans ce chapitre, vous acquerrez des compétences concrètes, construirez un portfolio convaincant et orienterez votre parcours professionnel avec clarté et détermination. Que vous partiez de zéro ou que vous soyez issu du développement logiciel, adopter une approche par projet approfondira votre compréhension et vous préparera aux exigences évolutives des rôles en IA dans tous les secteurs.

Avec des efforts réguliers et un bon accompagnement, vous êtes pleinement prêt à franchir la prochaine étape — et à exploiter pleinement le potentiel de l'ingénierie de l'IA dans votre parcours professionnel.

Chapitre 2
L'ingénierie de l'IA décryptée : fondamentaux et pièges à éviter

La demande en ingénieurs en IA a plus que doublé en seulement quelques années, avec plus de 180 000 offres d'emploi rien qu'aux États-Unis en 2023. Pourtant, malgré cette croissance explosive, beaucoup de nouveaux arrivants découvrent rapidement que connaître les algorithmes et la théorie ne suffit largement pas.

La véritable réussite en ingénierie de l'IA repose sur la maîtrise d'un savoir-faire pratique — celui qui transforme des modèles abstraits en systèmes robustes et évolutifs utilisés par des millions de personnes. Ce chapitre remet en question les idées reçues sur ce que signifie réellement être ingénieur en IA et explique pourquoi les compétences pratiques, l'esprit de résolution de problèmes et la responsabilité de bout en bout comptent bien plus que les seules connaissances académiques.
Comprendre ces fondamentaux n'est pas seulement utile — c'est essentiel pour construire une carrière produisant des résultats concrets dans le paysage de l'IA en évolution rapide d'aujourd'hui.

Définir l'ingénierie de l'IA comme une discipline pratique

L'ingénierie de l'IA est fondamentalement une science de concepteurs— centrée sur la construction de systèmes réels qui fonctionnent de manière fiable dans le monde. Contrairement à la recherche pure, qui peut s'achever par des preuves mathématiques ou des résultats de simulation, l'ingénierie de l'IA exige la traduction de solutions en logiciels prêts pour la production. Les ingénieurs prennent des concepts théoriques et les transforment en modèles robustes, API, tableaux de bord ou applications complètes utilisables par des utilisateurs finaux.

Par exemple, plutôt que de simplement étudier le traitement du langage naturel, un ingénieur en IA peut développer une API d'analyse de sentiments intégrée à la plateforme de support d'une entreprise cliente. Cet état d'esprit de bâtisseur se reflète dans les pratiques quotidiennes telles que le déploiement continu de code, le contrôle de version et les revues de code rigoureuses — toutes essentielles pour garantir que les nouvelles fonctionnalités fonctionnent dans des environnements réels. Dans un cadre pratique, choisir de livrer à temps un moteur de recommandations fonctionnel plutôt que d'affiner indéfiniment des hyperparamètres permet aux utilisateurs de bénéficier immédiatement d'expériences personnalisées (Benigni, 2025).

Cette approche pratique est indissociable d'un fort accent mis sur un code fonctionnel et maintenable. Les ingénieurs en IA créent, testent et affinent en permanence des bases de code pour des cas d'usage précis — qu'il s'agisse de concevoir des services neuronaux avec TensorFlow avec TensorFlow, d'intégrer des pipelines de ML avec des outils CI/CD ou d'automatiser le réentraînement de modèles avec des fonctions cloud. Souvent, un code propre et fiable est plus valorisé que la connaissance des algorithmes les plus avancés. En pratique, une tâche planifiée (*batch job*) qui maintient 99,9 % de disponibilité ou un chatbot qui traite des tickets de support sans planter a bien plus de valeur qu'un « prototype de pointe » enfermé dans une présentation. Cette focalisation sur des solutions opérationnelles pousse les ingénieurs en IA à répondre aux besoins réels des utilisateurs, à résoudre des problèmes métier concrets et à combler le fossé entre recherche et application (Benigni, 2025).

Les projets d'ingénierie de l'IA couvrent l'ensemble du cycle de vie — de l'idéation initiale et la collecte de données jusqu'au suivi des modèles et aux itérations continues. Le processus commence par la recueil des besoins et la définition du problème, suivies par la conception de l'architecture, la préparation des données et le développement du modèle. Les ingénieurs valident ensuite les modèles via des tests, les packager avec des outils comme Docker, les déploient sur des services cloud tels qu'AWS ou GCP, et mettent en place un suivi des performances, des dérives et de la fiabilité.

Dans de nombreux cas, un seul ingénieur ou une petite équipe est responsable de tout le parcours — de l'exploration des données en Python jusqu'au déploiement sur Kubernetes — assurant l'intégration fluide de chaque composant. Et cette

responsabilité ne s'arrête pas au lancement : les ingénieurs en IA sont chargés du réentraînement des modèles, de la gestion des incidents en production et de la montée en charge des systèmes à mesure que la demande croît.
Par exemple, la construction et le déploiement d'un modèle de détection de fraude pour une banque implique le nettoyage des données transactionnelles, la sélection de l'architecture, la création de *feature stores*, l'intégration avec les systèmes de transactions et la conception de tableaux de bord pour l'analyse par les analystes métier. Cette responsabilité *full stack* garde les ingénieurs étroitement alignés à la fois sur les résultats techniques et sur les objectifs métier (Masood, 2025).

Pour réussir dans ce rôle, un ingénieur en IA doit maîtriser un ensemble hybride de compétences combinant développement logiciel, apprentissage automatique, infrastructures cloud et expertise métier spécifique. Les langages fondamentaux comme Python, Java et Scala s'accompagnent d'une connaissance approfondie des bibliothèques de ML telles que PyTorch, TensorFlow et scikit-learn. Les outils d'infrastructure comme Docker, Kubernetes et AWS SageMaker facilitent le développement et le déploiement. De solides compétences en bases de données (SQL, NoSQL) et en contrôle de version avec Git sont indispensables.

Les ingénieurs doivent naviguer entre différentes frontières techniques : de l'extraction et l'ingénierie de caractéristiques à partir de données commerciales, au déploiement d'API REST évolutives, jusqu'à l'automatisation de pipelines avec des outils comme Jenkins ou GitHub Actions. Dans la fintech, par exemple, un ingénieur peut combiner apprentissage profond, sécurité cloud et détection de fraude pour construire un moteur de scoring transactionnel en temps réel. Cette intégration de compétences transforme des prototypes isolés en systèmes stratégiques pour l'entreprise (Masood, 2025).

En fin de compte, Ce sont **les résultats livrables qui définissent le succès** en ingénierie de l'IA. Ce qui compte le plus, c'est ce qui fonctionne dans le monde réel — non ce qui est élégamment théorique. Les employeurs et les parties prenantes se concentrent sur des résultats tangibles : amélioration des taux de conversion, réduction du taux d'attrition, diminution des processus manuels, réponses systèmes plus rapides ou baisse des faux positifs.

Des métriques clés comme la latence (ex. millisecondes par prédiction), la disponibilité (ex. 99,9 % de temps de fonctionnement), la précision (ex. *precision*, *recall*, AUC) et les KPI métiers orientent le recrutement, les promotions et les financements. Par exemple,

lorsqu'un assistant IA améliore la satisfaction client et réduit les tickets de support, la contribution de l'ingénieur se mesure à l'impact, non à la complexité de l'implémentation. Les revues par les pairs, les lancements de produits et les évaluations des parties prenantes reviennent tous à une même question : quelle valeur ce système a-t-il réellement apportée ?

Cette culture orientée résultats crée une boucle de rétroaction qui motive les ingénieurs à se concentrer sur des améliorations quantifiables, toujours en reliant leurs efforts aux utilisateurs réels, aux produits et aux résultats (Benigni, 2025 ; Masood, 2025).

En combinant un état d'esprit de bâtisseur, une responsabilité de bout en bout, un ensemble de compétences interdisciplinaires et un engagement constant sur la performance, l'ingénierie de l'IA privilégie le pratique sur le théorique — en livrant des solutions qui comptent bien au-delà du laboratoire.

Comprendre la différence : théorie seule vs. ingénierie de l'IA appliquée

Beaucoup de personnes qui entrent dans le domaine de l'IA possèdent un solide bagage théorique, mais se retrouvent rapidement à un carrefour lorsque la seule théorie ne suffit pas à produire des résultats concrets. Prenons l'exemple d'un candidat à un poste titulaire d'un doctorat en apprentissage automatique, capable de dériver des fonctions de perte et d'analyser la complexité des modèles. Placé dans un environnement de production, ce même candidat peut rencontrer immédiatement des difficultés.

Invité à intégrer un modèle d'analyse de sentiments dans un service web, il peut trouver la conteneurisation avec Docker ou l'automatisation du déploiement via des outils cloud totalement nouveaux. Le débogage de problèmes d'inférence — comme des pics de latence ou des erreurs de mémoire insuffisante à grande échelle — laisse souvent les experts « tout théorie » chercher de l'aide. La collaboration peut également représenter un obstacle : l'utilisation de Git pour le contrôle de version ou la résolution de conflits de fusion en équipe peut être un territoire totalement inconnu. Les employeurs remarquent vite ces lacunes, surtout lorsque les candidats doivent démontrer leurs capacités à résoudre des problèmes pratiques, que ce soit sur le poste ou lors d'entretiens techniques (Aijobs.net Will Become Foo🦍 – Visit Foorilla.com!, 2024).

Une base théorique solide est précieuse, mais sans un portfolio de projets concrets, les candidats sont souvent négligés dans des processus de recrutement compétitifs. Les employeurs veulent des preuves que les postulants savent gérer des problèmes désordonnés et ambigus — ceux qui n'ont pas de solutions toutes faites dans un manuel. Les portfolios contenant des démos fonctionnelles se distinguent

Imaginons un candidat qui construit un pipeline complet d'analyse d'avis clients : collecte des données via des API, prétraitement dans Jupyter, entraînement de modèles avec PyTorch et déploiement d'un tableau de bord en temps réel avec Flask et AWS Lambda. Ou encore une personne qui développe un microservice de détection de fraude intégré à l'API de Stripe, produisant des prédictions en temps réel et envoyant des alertes via Slack. Ces exemples montrent non seulement une profondeur technique, mais aussi la capacité à livrer des systèmes fiables et intégrés dans des contraintes réelles. L'ingénierie pratique concerne autant « ce qui fonctionne » que « ce qui est possible » — et de solides portfolios en sont la preuve (Chiu et al., 2024).

Deployment, in particular, is a space where theory rarely holds up on its own. A model that performs well in academic benchmarks might fail in production due to differences in data distribution, hardware limitations, or user load.

Le déploiement, en particulier, est un domaine où la théorie seule résiste rarement. Un modèle performant dans les benchmarks académiques peut échouer en production à cause de différences de distribution de données, de limitations matérielles ou de charge utilisateur. Un scientifique en IA peut construire localement un système de recommandation très précis, pour le découvrir inutilisable en ligne à cause de temps de réponse trop lents. Les déploiements basés sur le cloud peuvent introduire une latence de démarrage à froid (*cold start*), forçant les ingénieurs à repenser l'initialisation des modèles. L'intégration par API ajoute une autre couche de complexité : les modèles doivent communiquer avec d'autres microservices via REST ou des systèmes de messagerie, ce qui implique sérialisation, gestion des erreurs et limitations de taux. L'évolutivité renforce encore ces défis — gestion du partage de GPU, partitionnement (*sharding*) entre centres de données et mises à jour via des stratégies *blue-green*.

Ce sont là les points de douleur qui affectent de vrais utilisateurs, de vrais produits et le succès des entreprises. Les employeurs recherchent des ingénieurs capables de les anticiper et de les résoudre (Aijobs.net Will Become Foo🦍 – Visit Foorilla.com!, 2024).

L'ingénierie de l'IA ne se fait pas non plus en vase clos. Le travail quotidien implique une collaboration entre différents rôles et fonctions. Les ingénieurs doivent expliquer leurs choix d'implémentation lors des revues de code, prendre en compte les retours de leurs pairs sur les performances ou la sécurité, et aligner leurs efforts sur les objectifs plus larges de l'équipe.

Lors de la planification de *sprints*, les ingénieurs en IA travaillent aux côtés de data scientists, de développeurs backend, de designers et de *product managers*. Un jour peut impliquer la coordination de l'accès GPU pour l'entraînement en apprentissage profond ; le lendemain, la négociation de décisions liées aux pipelines CI/CD avec les équipes DevOps. Les priorités métier évoluent fréquemment, entraînant des pivots en cours de sprint ou des discussions de réalignement. Souvent, l'achèvement d'une tâche dépend que l'un de ses collègues termine la sienne par un coéquipier — rendant la communication, la planification et la flexibilité essentielles.

Ceux qui sont habitués à travailler en solitaire peuvent trouver ces réalités déstabilisantes. Réussir en ingénierie de l'IA exige de solides compétences interpersonnelles : donner et recevoir des retours, encadrer ses pairs et s'adapter aux dynamiques d'équipe (Chiu et al., 2024)

En fin de compte, ce sont les compétences concrètes et pratiques qui déterminent l'impact produit lorsque les enjeux sont élevés. Un candidat qui ne comprend que la théorie peut se figer si son code provoque 2 % de panne dans un système de trading en direct. Un ingénieur pragmatique sait diagnostiquer le problème, revenir en arrière en toute sécurité et rétablir le service avec un impact minimal.

C'est pourquoi les employeurs privilégient les ingénieurs disposant d'expérience en déploiement, fiabilité en équipe et solide parcours projet. Ce sont ces qualités qui font passer l'IA de la recherche à la production — et la rendent utilisable, évolutive et réellement impactante (Aijobs.net Will Become Foo🦍 – Visit Foorilla.com!, 2024 ; Chiu et al., 2024).

L'ingénierie de l'IA : une urgence et une opportunité à saisir

Croissance des emplois en ingénierie de l'IA et dynamiques du marché

Les rôles en ingénierie de l'IA connaissent une demande explosive dans tous les grands secteurs. En 2023, les États-Unis à eux seuls affichaient plus de 180 000 offres d'emploi exigeant des compétences en apprentissage automatique — soit presque le double du nombre enregistré seulement trois ans plus tôt. Les pôles technologiques comme San Francisco, New York et Londres publient désormais des dizaines de milliers de postes axés sur la science des données, la recherche en IA et le déploiement de modèles. La santé et la finance ouvrent la voie, avec près d'un poste sur cinq requièrent des compétences en développement de solutions IA. Les pays investissant dans la transition énergétique et l'analytique climatique font également état d'une forte hausse des recrutements d'ingénieurs en IA — capables de construire des modèles prédictifs, d'optimiser les chaînes d'approvisionnement ou d'alimenter les technologies vertes (OCDE, 2025).

À l'échelle mondiale, l'adoption de l'IA s'accélère dans tous les secteurs. Dans l'industrie manufacturière, 42 % des entreprises interrogées déclaraient avoir au moins un projet d'IA en production en 2023 — contre seulement 28 % en 2021. le secteur du commerce la logistique et l'agriculture suivent de près, exploitant l'IA pour automatiser les processus, prévoir la demande et personnaliser les produits.

Ces tendances sont indéniables : le paysage est en pleine mutation, et la croissance du nombre de postes traduit une opportunité claire. Pour ceux qui disposent de compétences pratiques en ingénierie de l'IA, c'est un marché à l'avantage des ingénieurs qualifiés. (Sharps, 2024 ; OCDE, 2025).

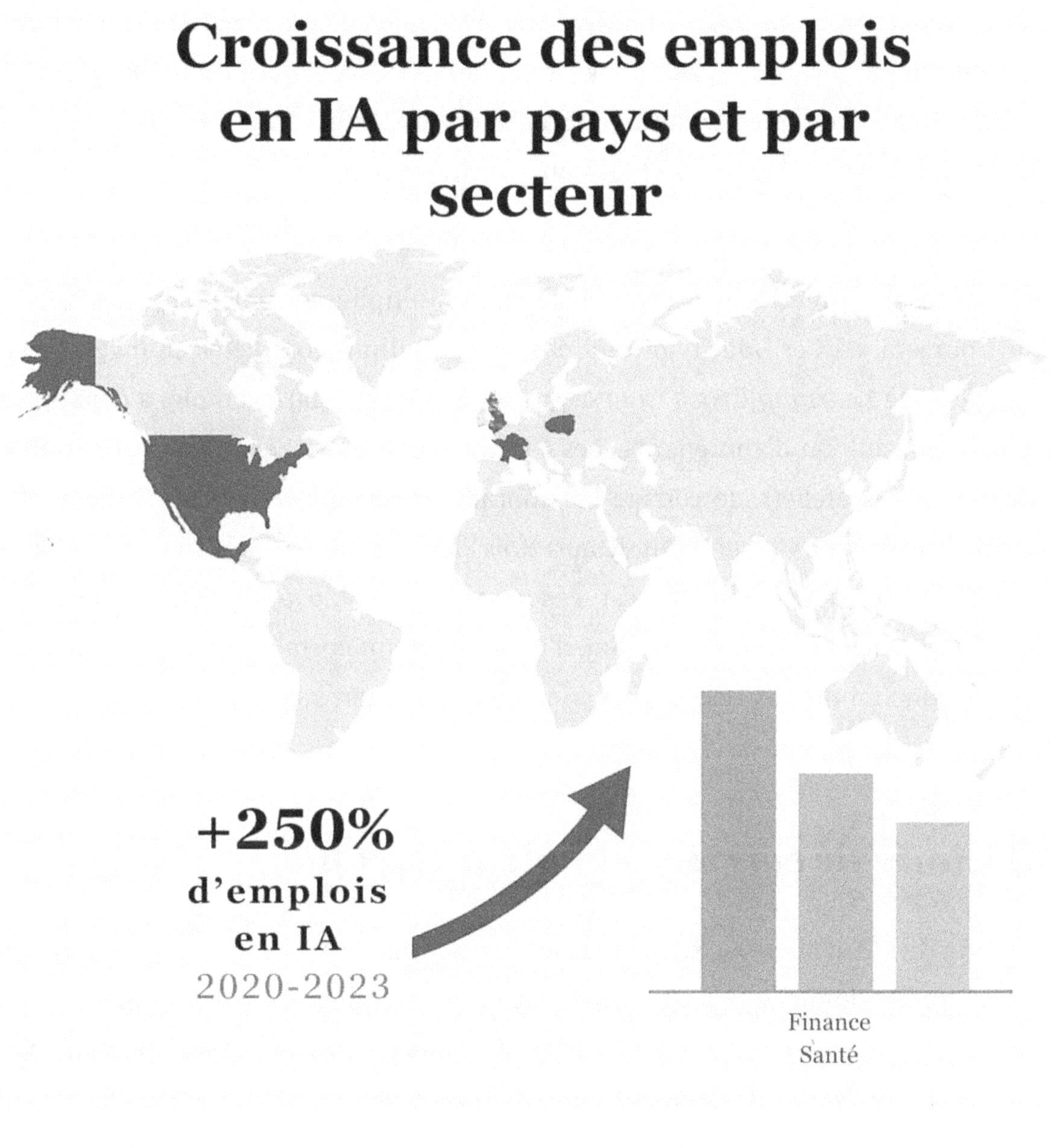

Outils et plateformes accessibles

Les barrières à l'entrée dans l'ingénierie de l'IA ont considérablement diminué grâce aux outils open source et aux services cloud abordables. Des frameworks comme TensorFlow et PyTorch sont entièrement gratuits et accompagnés d'une documentation en ligne robuste. Des outils tels que Jupyter Notebooks et Google Colab permettent de concevoir et d'exécuter des modèles d'apprentissage automatique sans matériel coûteux. Même les grands fournisseurs de cloud comme AWS et Microsoft Azure proposent désormais des crédits gratuits pour les étudiants et les nouveaux développeurs.

Les ressources d'apprentissage se sont également multipliées rapidement. Les MOOCs comme Coursera, edX et Udacity offrent des spécialisations complètes en ingénierie de l'IA. Le *Machine Learning Crash Course* gratuit de Google, par exemple, a déjà touché plus d'un demi-million d'apprenants. Les forums communautaires, les dépôts publics sur GitHub et les ateliers de codage collaboratif en groupe réduisent l'isolement et accélèrent les progrès. Ce qui coûtait autrefois des dizaines de milliers de dollars et nécessitait un accès universitaire est désormais accessible à l'échelle mondiale — permettant à toute personne disposant d'un ordinateur portable et d'une connexion Internet de faire monter en flèche leurs compétences. (Sharps, 2024).

Trajectoire de carrière et valeur durable

L'ingénierie de l'IA n'offre pas seulement un accès immédiat à l'emploi, mais aussi une croissance professionnelle à long terme. Dans les marchés les plus compétitifs, les salaires d'entrée dépassent 110 000 $. Avec cinq ans d'expérience en déploiement, ce chiffre double souvent — notamment dans des secteurs en forte croissance comme la biotechnologie, l'énergie et les systèmes autonomes. Les personnes en reconversion connaissent des réussites remarquables : un ingénieur mécanique à Detroit apprend Python et TensorFlow en ligne et, en 18 mois, décroche un poste de responsable IA dans une startup automobile développant des technologies de conduite autonome. Un analyste opérationnel à Singapour étudie le NLP pendant huit mois et obtient un poste de consultant IA à distance, triplant ainsi son revenu et gagnant une portée internationale.

Même les professionnels expérimentés utilisent l'IA pour réorienter ou accélérer leur carrière. De nombreux développeurs logiciels en début de parcours, par exemple, rapportent qu'obtenir des certifications en IA leur a permis d'évoluer en deux ans vers des postes de responsable technique ou d'architecte, où ils définissent la direction technique et encadrent des équipes. Ces compétences constituent également un atout face à l'automatisation: au lieu de risquer d'être remplacés par l'automatisation, les ingénieurs en IA sont ceux qui conçoivent et améliorent les systèmes qui alimentent l'automatisation elle-même (Sharps, 2024).

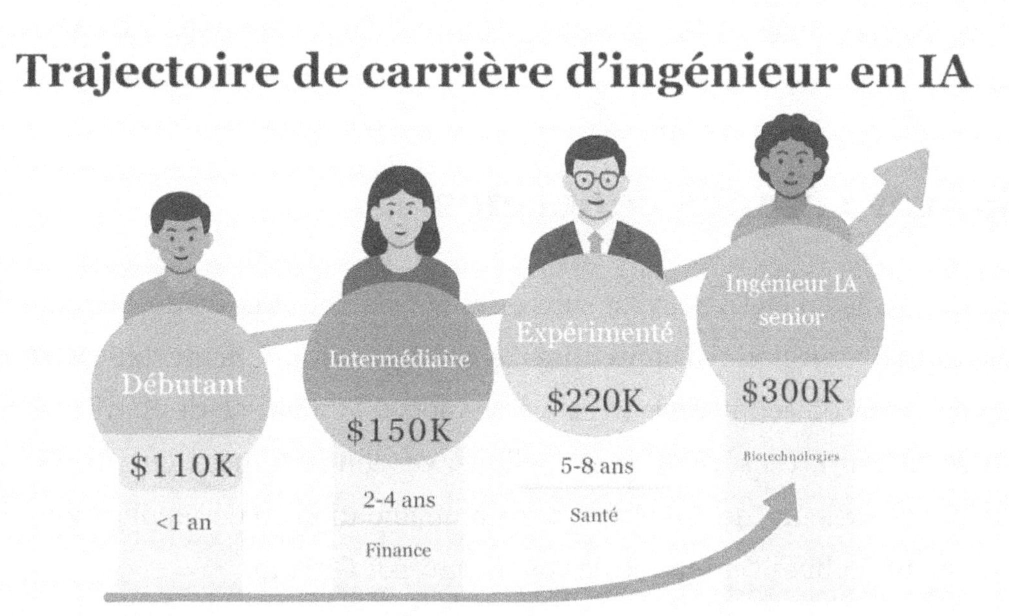

Le coût de l'attente : cas industriels

Retarder l'acquisition de compétences en IA comporte un risque réel. Certains des exemples les plus marquants proviennent d'entreprises traditionnelles : de nombreux enseignes traditionnelles ont perdu des parts de marché face à des concurrents qui avaient adopté l'analytique client, la tarification et la logistique pilotées par l'IA. Les pionniers de la logistique — comme UPS — ont utilisé le routage prédictif et le diagnostic moteur en temps réel bien avant les autres, réduisant les coûts et améliorant la fiabilité. Ceux qui ont trop attendu ont souvent fait face à une contraction des marges, des licenciements ou à la faillite.

Au niveau individuel, de nombreux professionnels ont vu leurs rôles transformés ou supprimés. Ceux qui ont commencé à développer de nouvelles compétences ne serait-ce qu'un an plus tôt ont non seulement conservé leur emploi, mais souvent accédé à des postes à plus forte valeur ajoutée. Pendant ce temps, leurs collègues qui ont tardé ont pris du retard. Le tournant de l'IA n'est pas imminent — il est déjà là. Les courbes actuelles d'adoption suggèrent que, d'ici trois à cinq ans, au moins la moitié de tous les processus métiers intégreront l'IA sous une forme ou une autre (OCDE, 2025).

Se lancer : étapes concrètes

Les futurs ingénieurs en IA peuvent suivre des étapes claires et éprouvées pour débuter. Choisissez une trajectoire d'apprentissage via Coursera, Udemy ou DataCamp qui correspond à vos objectifs. Consacrez 6 à 12 mois à la maîtrise des outils essentiels — Python, scikit-learn, TensorFlow — et appliquez ces connaissances dans des projets réels tels que des classifieurs, des systèmes de recommandation ou des applications de vision par ordinateur. Publiez l'ensemble de vos travaux sur GitHub.

Participez à des communautés open source pour recueillir des retours et créer des liens avec des réseaux de recrutement. Suivez votre progression en comparant vos compétences aux descriptifs de poste dans votre domaine cible, puis ajustez votre plan d'apprentissage en conséquence.

En agissant dès maintenant, vous vous préparez à des opportunités exponentielles. Alors que les entreprises et les secteurs traversent une profonde transformation portée par l'IA, la demande des ingénieurs aux compétences concrètes et applicables ne fera que croître (OCDE, 2025 ; Sharps, 2024).

Idées reçues courantes : ce que l'ingénierie de l'IA n'est PAS

Une idée fausse largement répandue sur l'ingénierie de l'IA est de croire qu'elle consiste principalement en un traitement basique des données— nettoyer des feuilles de calcul ou générer des graphiques simples. En réalité, l'ingénierie de l'IA va bien au-delà de l'analyse de routine. Alors que n'importe qui peut filtrer des données dans Excel, les ingénieurs en IA conçoivent des systèmes qui traitent automatiquement les données brutes, les analysent et s'y adaptent. Prenons l'exemple d'un pipeline complet de machine learning : au lieu de réaliser des analyses ponctuelles, les ingénieurs conçoivent des workflows capables d'ingérer des données issues de multiples sources, de les nettoyer et transformer, d'entraîner des modèles, de valider leurs performances, puis de déclencher automatiquement un réentraînement à l'arrivée de nouvelles données. Le résultat n'est pas un tableau de bord statique — mais un système vivant et adaptatif qui soutient des cas critiques comme la détection de fraude ou les recommandations personnalisées. Confondre des tâches superficielles de gestion de données avec ce travail d'ingénierie plus profond conduit souvent les professionnels à rester bloqués dans des rôles menacés d'automatisation par les systèmes mêmes que construisent les véritables ingénieurs en IA (Artificial Intelligence vs. Machine Learning | CMU, n.d.).

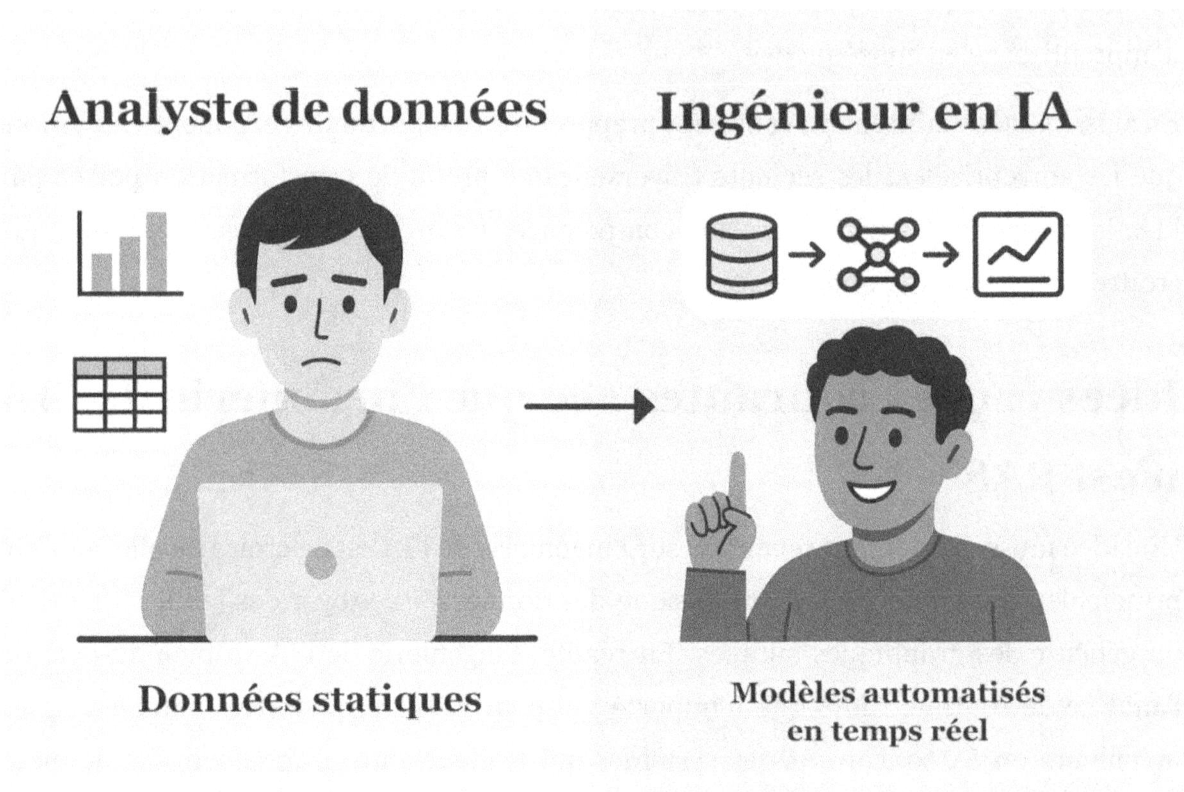

Une autre erreur fréquente est de confondre l'expérimentation amateur avec de l'ingénierie réelle. Exécuter quelques scripts de machine learning sur des données d'exemple n'a rien à voir avec la création de systèmes robustes et évolutifs. Il est facile de tester une nouvelle architecture de réseau neuronal sur un ordinateur portable, mais les systèmes professionnels doivent gérer la croissance des données — de milliers d'enregistrements à des milliards — et évoluer sous des charges importantes. Les ingénieurs doivent construire une infrastructure qui prend en charge la tolérance aux pannes, l'autoscaling et la surveillance en temps réel. Imaginez la conception d'un service de reconnaissance d'images basé sur le cloud pour la distribution : il doit maintenir une disponibilité de 99,99 %, répondre en moins d'une seconde et rester opérationnel même en période de forte affluence. Négliger ces exigences conduit à des systèmes fragiles, des lancements ratés et une perte de confiance des utilisateurs (de Saint Laurent, 2018).

Beaucoup de nouveaux venus restent dans la zone de confort théorique, en développant des prototypes qui ne quittent jamais le laboratoire. Mais la véritable ingénierie de l'IA se définit par le déploiement. Construire un moteur de recommandation ne suffit pas : il faut l'intégrer aux systèmes de gestion de stock en temps réel, le maintenir à jour et surveiller son impact sur le comportement des clients. Les déploiements de niveau professionnel incluent le contrôle de version, les stratégies de rollback, les boucles de rétroaction et des métriques de succès telles que l'augmentation des conversions ou la réduction du churn. Un travail qui reste non déployé devient du *shelfware* (code inutilisé) — du code inutilisé qui n'apporte aucune valeur et limite la progression de carrière. Les équipes reconnues sont celles qui livrent et maintiennent des systèmes en production, car ce sont elles qui produisent un impact visible pour l'entreprise (Artificial Intelligence vs. Machine Learning | CMU, n.d.).

Enfin, il est faux de croire que les ingénieurs en IA doivent se limiter à un seul outil ou une seule plateforme. En réalité, l'agnosticisme technologique est un signe de maturité technique. Le choix du bon framework — PyTorch pour le prototypage rapide, TensorFlow pour le déploiement en production, ou scikit-learn pour des modèles classiques — dépend du problème et du contexte. Certaines solutions combinent même plusieurs outils, comme ONNX pour assurer la portabilité multiplateforme. Les ingénieurs qui ne savent pas évaluer ou changer d'outils rapidement prennent souvent du retard dans un domaine en constante évolution. Résultat : retards, inefficacités et projets incapables d'évoluer avec les nouvelles avancées (de Saint Laurent, 2018).

Ces idées reçues peuvent freiner les carrières et limiter les contributions significatives. Rester bloqué dans l'analyse basique, accorder trop d'importance aux expérimentations personnelles ou éviter le déploiement et la flexibilité des outils sont autant de signes de compétences sous-développées. À l'inverse, les ingénieurs qui livrent de véritables systèmes d'IA adaptatifs — soutenus par des métriques et des résultats utilisateurs — démontrent l'impact que les employeurs reconnaissent et récompensent.

Développer l'état d'esprit essentiel de résolution de problèmes en ingénierie de l'IA

Adopter une pensée systémique en ingénierie de l'IA

L'ingénierie de l'IA exige un état d'esprit orienté système. Les ingénieurs performants ne considèrent pas leur travail comme des modèles ou des outils isolés, mais comme des parties d'un écosystème vivant, interconnecté, composé d'éléments, de processus et de personnes. Chaque élément — algorithmes, sources de données, infrastructures serveur, interfaces utilisateur — façonne et est façonné par les autres. Une petite amélioration de

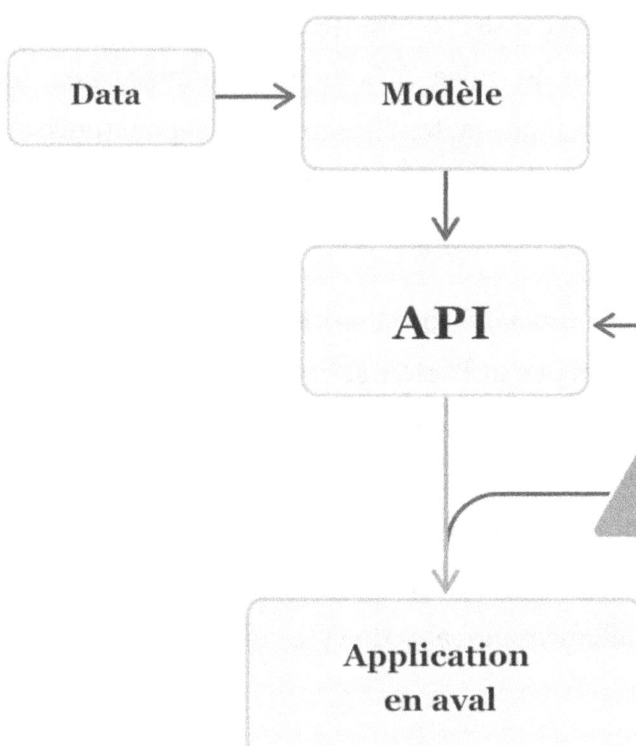

la qualité des données, par exemple, peut se propager dans tout un pipeline et améliorer considérablement la précision des prédictions. À l'inverse, un léger décalage entre le format de sortie d'un modèle et un système aval peut faire échouer une solution par ailleurs solide.

Dans le secteur de la santé, la Cleveland Clinic a appliqué la pensée systémique pour analyser le parcours des patients et mettre en évidence des inefficacités cachées dues aux protocoles de traitement et aux niveaux de personnel (Kalayjian, 2024). Des correctifs locaux — comme ajouter des infirmières ou reprogrammer des rendez-vous — n'ont pas réduit les retards. Ce n'est qu'en cartographiant l'ensemble du parcours patient que les ingénieurs ont conçu des interventions améliorant les résultats de bout en bout. Les projets d'IA suivent des schémas similaires : un moteur de recommandation peut sembler sous-performant, mais la cause profonde peut résider dans une un suivi des logs incohérent ou des calendriers de mise à jour mal alignés. Les ingénieurs qui comprennent l'ensemble du système évitent les correctifs ponctuels et construisent plutôt des solutions résilientes capables de résister au changement (Kalayjian, 2024).

Cet état d'esprit est également crucial à grande échelle. Chez Amazon, les ingénieurs collectent en continu les retours des utilisateurs, des appareils et des équipes internes, les intégrant dans une boucle de connaissance dynamique à l'échelle du système (Kalayjian, 2024). Plutôt que de rechercher uniquement des bugs, ils surveillent les interactions inattendues entre services. Cette vision élargie permet d'éviter des optimisations à court terme qui mènent à des problèmes à long terme, et aide les ingénieurs à détecter les défaillances globales du système avant qu'elles ne s'aggravent.

Résilience professionnelle et méthodes de débogage

L'ingénierie de l'IA est, par essence, semée d'obstacles. Les incohérences dans les données, l'instabilité des modèles ou encore la dérive des environnements se manifestent souvent par des bugs inattendus ou des variations imprévisibles de performance. Les ingénieurs efficaces ne considèrent pas ces revers comme des blocages, mais comme des signaux précieux — chaque problème devenant une occasion d'apprentissage et d'amélioration.

Le débogage de systèmes complexes commence par la décomposition de l'échec. Lorsqu'un modèle sous-performe, les ingénieurs résilients formulent des hypothèses claires : s'agit-il de données biaisées, de variables mal alignées ou d'erreurs de déploiement ? Ils testent chaque piste de manière méthodique, reproduisent les erreurs dans des environnements contrôlés, puis itèrent en fonction des résultats. Ce processus repose sur des pratiques rigoureuses — comme le versionnage simultané du code et des jeux de données — pour retracer les modifications et identifier les causes profondes (What Is the AI Development Lifecycle?, 2015).

Lorsque Unilever a entrepris de réduire son impact environnemental via une optimisation de sa chaîne d'approvisionnement pilotée par l'IA, les premières versions du système ont échoué à cause de données de cycle de vie erronées (Kalayjian, 2024). Plutôt que d'abandonner, les ingénieurs ont mené une analyse minutieuse des causes racines, identifié des incohérences dans les enregistrements fournisseurs, et mis en place une boucle de rétroaction plus rigoureuse. Leur persévérance a payé — aboutissant à un modèle plus précis, une meilleure fiabilité opérationnelle et des économies tangibles.

Les meilleurs ingénieurs gagnent en efficacité en cultivant une culture où l'échec est non seulement accepté, mais exploité comme levier d'apprentissage. L'arrêt d'un modèle en production n'est pas un échec, c'est un signal. Il révèle les zones à renforcer et les choix de conception à repenser pour éviter de futures défaillances. Ainsi, chaque incident devient partie intégrante d'un cycle d'apprentissage continu — renforçant les systèmes, les collaborations et la résilience à long terme.

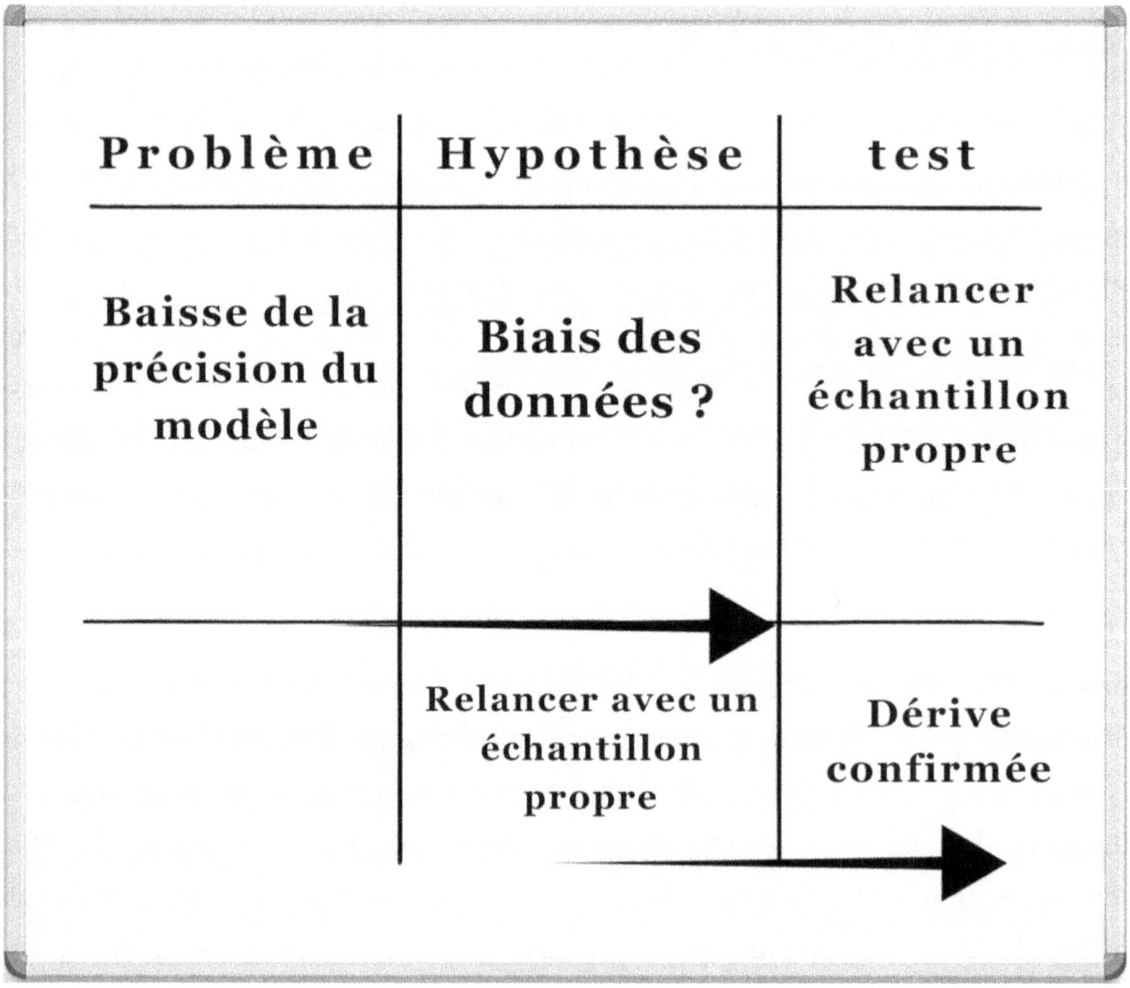

Développement itératif et techniques de prototypage

L'ingénierie de l'IA repose sur un développement incrémental et itératif — non sur des lancements massifs en une seule fois. Plutôt que de déployer de grands modèles non testés d'un seul coup, les ingénieurs suivent un cycle structuré : définir un problème clair, créer un prototype minimal viable, l'évaluer dans un environnement contrôlé, analyser les résultats, puis affiner. À chaque itération, des fonctionnalités sont ajoutées ou les performances améliorées uniquement lorsqu'il existe une preuve mesurable de leur efficacité.

Cette approche prudente et maîtrisée du risque se déroule en étapes distinctes. Elle commence par des objectifs clairement définis, suivis d'une collecte de données progressive et d'expérimentations légères pour valider les hypothèses essentielles avant tout passage à l'échelle. Par exemple, dans les premières applications de l'IA en cybersécurité, les ingénieurs ont réalisé des tests ciblés — tels que l'analyse statique et dynamique de code — pour mettre en évidence les failles des modèles face à des attaques adversariales, décelant ainsi des vulnérabilités critiques bien avant le déploiement complet (What Is the AI Development Lifecycle?, 2015).

Des techniques éprouvées, comme les tests A/B ou les déploiements fantômes (*shadow deployment*), permettent de comparer de nouveaux modèles aux systèmes existants, sans perturber les utilisateurs finaux. Les prototypes à faible fidélité révèlent souvent des problèmes d'ergonomie ou des bugs d'intégration coûteux à corriger une fois le système en production. Cette approche continue, adaptative et itérative permet de garder les efforts d'ingénierie agiles, ciblés et en phase avec des environnements réels en constante évolution.

Une approche d'ingénierie orientée résultats

Les meilleurs ingénieurs en IA fondent leur travail sur des résultats mesurables — et non sur la quantité d'efforts fournis. Les critères de succès sont définis dès le départ, généralement sous la forme d'indicateurs clés de performance (KPI) adaptés au contexte métier : précision du modèle, latence, satisfaction utilisateur ou encore rentabilité (What Is the AI Development Lifecycle?, 2015). Plutôt que de compter les heures travaillées ou les modèles développés, ils mesurent les progrès en fonction d'objectifs concrets et orientés impact.

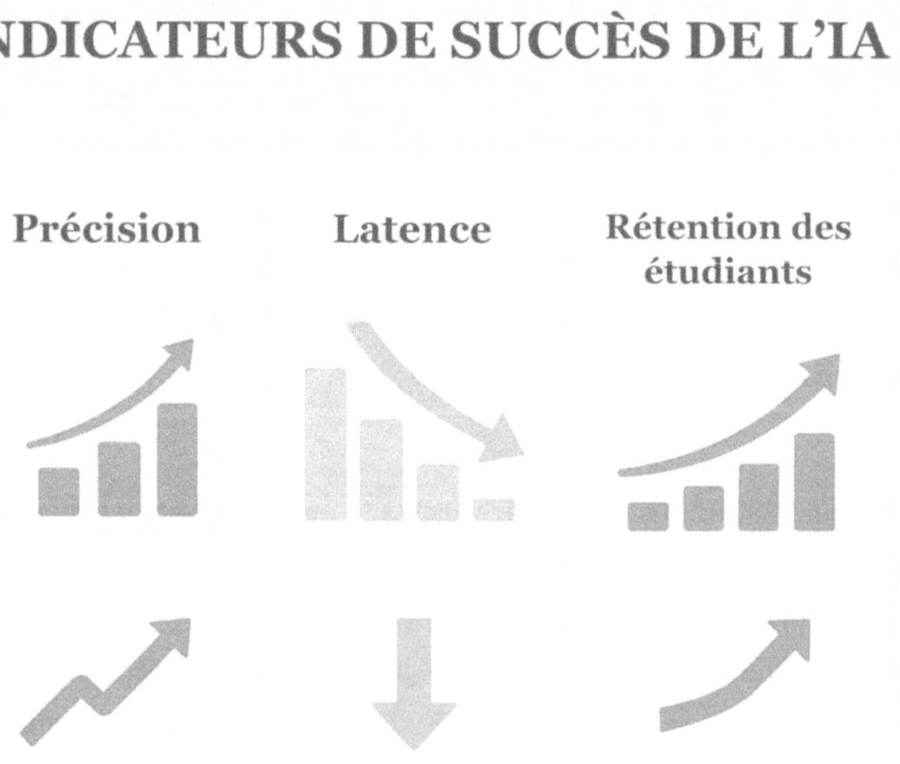

Pour assurer cet alignement, les ingénieurs impliquent activement les parties prenantes afin de définir ce que signifie réellement la réussite, puis conçoivent des systèmes capables de répondre à cette définition. Dans le système éducatif finlandais, par exemple, les réformes de programme pilotées par l'IA n'ont pas été évaluées uniquement sur la rapidité de leur déploiement, mais à travers les progrès des élèves, leur bien-être et leur taux de rétention — preuve d'un impact réel au-delà de la seule dimension technique (Kalayjian, 2024).

Lorsque les performances ne sont pas à la hauteur, les équipes réagissent avec des ajustements fondés sur les données. Les ingénieurs évaluent régulièrement si leur travail produit des bénéfices concrets ou de simples changements superficiels. Dans les environnements professionnels, ils concentrent leurs efforts sur les fonctionnalités qui améliorent réellement la satisfaction des utilisateurs ou atteignent des KPI stratégiques — veillant à ce que chaque sprint contribue à générer de la valeur tangible (What Is the AI Development Lifecycle?, 2015).

Les ingénieurs qui allient pensée systémique, résilience professionnelle, développement itératif et engagement constant envers les résultats sont ceux qui conçoivent des solutions durables — capables de résister aux défis du monde réel et de s'y adapter avec succès.

Rassembler tous les éléments

Maintenant que l'ingénierie de l'IA a été présentée comme une discipline concrète, axée sur la construction et le déploiement de systèmes réels, vous êtes prêt à avancer avec clarté et détermination. Maîtriser l'intersection du codage, des technologies cloud et de la pensée systémique vous permet de relever des défis complexes et de produire des résultats qui comptent.

En dépassant les idées reçues et en adoptant un état d'esprit fondé sur l'apprentissage continu, la collaboration et la résilience, vous vous alignez sur les exigences en constante évolution du secteur. En concevant des solutions fonctionnelles et évolutives — et en assumant la responsabilité de bout en bout, du concept initial jusqu'au déploiement — vous constituez un portfolio qui démontre votre capacité à transformer la théorie en impact concret.

Cette approche pose les bases d'une carrière florissante et tournée vers l'avenir en ingénierie de l'IA — une carrière ancrée dans des compétences solides, une réelle valeur ajoutée et des résultats tangibles.

Chapitre 3
Les outils de l'ingénieur en IA : votre pile technologique moderne

En 2025, l'ingénierie de l'IA a atteint une maturité portée par un écosystème à la fois riche et accessible d'outils et de plateformes conçus pour fluidifier la création d'applications intelligentes. Imaginez la gestion d'un projet d'IA où chaque phase — prétraitement des données, entraînement des modèles, déploiement et supervision — s'intègre dans une pile cohérente et bien connectée. Derrière chaque solution réussie se cache une boîte à outils complète : des API qui simplifient les tâches comme le traitement du langage naturel, des dépôts de modèles pré-entraînés personnalisables, des frameworks performants pour les API asynchrones, des technologies de conteneurisation assurant des environnements constants, et des systèmes de suivi d'expérimentations qui structurent l'itération rapide.

Ce chapitre revient sur le tournant où ces technologies ont commencé à converger en flux de travail unifiés, que toute personne maîtrisant Python pouvait désormais explorer. Le vrai défi n'était plus d'inventer des algorithmes inédits, mais de maîtriser les outils capables de transformer des idées brutes en services d'IA fiables et évolutifs. Qu'il s'agisse d'interagir avec des modèles de langage puissants via des API simples, d'ajuster des modèles communautaires grâce à des plateformes collaboratives, ou de déployer des microservices dans des environnements conteneurisés, les ingénieurs ont compris que savoir connecter les outils est aussi essentiel que le code lui-même.

Pour les futurs ingénieurs en IA, les développeurs logiciels qui entrent dans le domaine, ou les passionnés de technologie désireux de comprendre comment fonctionnent les systèmes intelligents concrets, la maîtrise de cette pile moderne ouvre de nouvelles opportunités d'apprentissage pratique. Elle révèle où se situe la véritable innovation — non seulement dans la conception des modèles, mais dans la construction de l'infrastructure et des flux de travail robustes qui alimentent des produits d'IA durables. Ce chapitre marque le début de votre exploration des composants essentiels qui forment la boîte à outils de l'ingénierie de l'IA d'aujourd'hui.

AI API OpenAI : passerelle vers l'IA linguistique

L'API d'OpenAI donne accès à une suite d'outils puissante et flexible, permettant aux développeurs d'intégrer de l'intelligence linguistique dans des applications concrètes, avec un minimum de friction. En seulement quelques lignes de Python, vous pouvez générer du texte à caractère humain, écrire du code, traduire des langues, résumer du contenu, et bien plus encore — ce qui en fait un excellent point de départ pour une approche pratique de l'ingénierie de l'IA.

Voyons comment cela fonctionne en pratique, en utilisant la bibliothèque officielle openai de Python.

-

Complétion de texte

L'exemple suivant montre comment utiliser l'endpoint ChatCompletion pour générer un e-mail professionnel:

```
def generate_email():
    import openai
    openai.api_key = "YOUR_API_KEY"
```

```
    response = openai.ChatCompletion.create(
        model="gpt-4.1",
        messages=[
            {"role": "system", "content": "You are an email
assistant."},
            {"role": "user", "content": "Draft an email to schedule a
meeting next Monday at 10AM."}
        ]
    )

    print(response['choices'][0]['message']['content'])
```

Résultat attendu :

```
Hi, I hope this message finds you well. Would you be available to
meet next Monday at 10AM? Please let me know if that time works
for yo
```

Génération de code

Vous pouvez facilement changer de contexte en ajustant l'instruction système. Voici comment générer une fonction qui inverse une chaîne de caractères :

```
def generate_code():
    import openai
    openai.api_key = "YOUR_API_KEY"

    response = openai.ChatCompletion.create(
        model="gpt-4.1",
```

```
        messages=[
            {"role": "system", "content": "You are a helpful coding
assistant."},
            {"role": "user", "content": "Write a Python function to
reverse a string."}
        ]
    )

    print(response['choices'][0]['message']['content'])
```

Sortie :

```
def reverse_string(s):
    return s[::-1]
```

-

```
def translate_text():
    import openai
    openai.api_key = "YOUR_API_KEY"

    response = openai.ChatCompletion.create(
        model="gpt-4.1",
        messages=[
            {"role": "user", "content": "Translate 'How are you?' to
French."}
        ]
    )
```

```
print(response['choices'][0]['message']['content'])
```

Résultat attendu :

```
Comment ça va?
```

-

Instructions de configuration

Pour commencer :

1. Inscrivez-vous sur platform.openai.com et récupérez votre clé d'API.
2. Installez la bibliothèque cliente :

```
pip install openai
```

3. Créez votre prompt à l'aide d'un tableau messages.

Vous pouvez affiner le comportement avec des paramètres tels que :

- temperature: des valeurs plus élevées (p. ex. 0,9) rendent la sortie plus aléatoire
- max_tokens: limite la longueur de la sortie

-

Modèles de gestion des erreurs

Des applications robustes prévoient une logique de repli :

```
try:
    response = openai.ChatCompletion.create(...)
except openai.error.AuthenticationError:
    print("Invalid API key.")
```

```python
except openai.error.RateLimitError:
    print("Rate limit exceeded. Try again later.")
except Exception as e:
    print(f"Unexpected error: {e}")
```

-

Conseils d'évolutivité et d'optimisation

- Utilisez gpt-4.1 pour de larges fenêtres de contexte (jusqu'à 1 million de tokens).
- Préférez o4-mini ou des modèles plus petits pour les tâches sensibles à la vitesse et au budget.

Réduisez la taille des prompts et regroupez les requêtes lorsque c'est possible afin de minimiser le coût.

-

Cas d'usage réels

Bot de support client :

```
{"role": "system", "content": "You are a helpful customer support agent."}
```

Gérez des sessions avec historique de messages et fournissez des réponses claires et utiles.

Générateur de contenu marketing :

```
{"role": "user", "content": "Create an engaging ad for a new eco-friendly water bottle."}
```

Résumé de données commerciales :

```
{"role": "user", "content": "Summarize key insights from this sales report: <paste content here>"}
```

-

Prototypage avec des modèles pré-entraînés

L'API permet une expérimentation rapide. Vous pouvez :

- Tester différentes formulations de prompts
- Essayer divers réglages de temperature
- Utiliser des schémas d'instruction comme "Think step by step"

Résumé des bonnes pratiques

- Soyez explicite dans les rôles système
- Utilisez une gestion correcte des erreurs dans les applications de production
- Suivez l'utilisation et les coûts via des tableaux de bord
- Appliquez une limitation côté client (throttling) pour passer à l'échelle

-

L'API d'OpenAI donne aux ingénieurs le pouvoir de créer des applications intelligentes rapidement et efficacement. Que vous soyez en train de prototyper un chatbot, d'analyser des documents ou de générer du contenu personnalisé, la maîtrise de ces outils débloque des compétences concrètes et immédiatement exploitables dans l'ingénierie de l'IA.

HuggingFace Hub : l'apprentissage automatique porté par la communauté

Le HuggingFace Hub est une plateforme centrale dédiée à un apprentissage automatique collaboratif et accessible, offrant aux ingénieurs en IA des ressources riches, des outils intuitifs et une communauté dynamique. Son vaste dépôt de modèles donne accès à plus de 300 000 modèles pour le NLP, la vision par ordinateur, la reconnaissance vocale et les tâches multimodales. Les ingénieurs peuvent exploiter facilement des modèles performants tels que BERT pour la classification de texte, Whisper pour la transcription vocale, Stable Diffusion pour la génération d'images, et LLaMA 2 pour l'IA conversationnelle.

Par exemple, une recherche de modèles d'analyse de sentiments renvoie des centaines d'options, chacune annotée avec des métriques claires comme le score F1, la précision et des notes fournies par l'uploader.
Un data scientist évaluant RoBERTa, DistilBERT et ELECTRA peut facilement comparer les historiques de versions, la compatibilité avec les jeux de données et les statistiques d'utilisation. Cela permet de sélectionner le modèle le plus adapté à un projet d'analyse d'opinions sur Twitter. Des filtres avancés de métadonnées facilitent encore l'exploration, permettant de naviguer efficacement dans cet écosystème vaste. Avec des model cards détaillées et des benchmarks transparents, même de petites équipes ou des développeurs indépendants peuvent rapidement accéder à des modèles de pointe (Daily Papers - Hugging Face, 2025).

Le flux de travail de fine-tuning est essentiel pour adapter des modèles généralistes à des domaines spécifiques. HuggingFace fournit des API robustes et des outils en ligne de commande qui simplifient cette adaptation. Avec la bibliothèque populaire transformers, par exemple, le fine-tuning d'un modèle BERT est simple :

```
from transformers import AutoTokenizer,
AutoModelForSequenceClassification, TrainingArguments, Trainer

model_name = "bert-base-uncased"
tokenizer = AutoTokenizer.from_pretrained(model_name)
model = AutoModelForSequenceClassification.from_pretrained(model_name)

training_args = TrainingArguments(
    output_dir="./results",
    num_train_epochs=3,
    per_device_train_batch_size=8,
    evaluation_strategy="epoch"
)

trainer = Trainer(
    model=model,
    args=training_args,
    train_dataset=my_train_dataset,
    eval_dataset=my_eval_dataset
)

trainer.train()
```

Pour les utilisateurs en ligne de commande, des outils comme la commande transformers-cli permettent de télécharger ou d'envoyer directement des modèles,

tandis que la bibliothèque accelerate simplifie l'entraînement distribué sur clusters et GPU.
Le fine-tuning complet est idéal lorsque de grands jeux de données annotés sont disponibles — par exemple, pour la classification de rapports radiologiques ou le classement de résultats de recherche en e-commerce.
Quand les ressources en données ou en calcul sont limitées, les ingénieurs privilégient des méthodes efficientes en paramètres comme LoRA, particulièrement efficaces dans des domaines tels que la prévision financière ou l'analyse de documents cliniques.

Ces résultats empiriques confirment cette valeur : un fine-tuning de BERT sur des textes cliniques avec seulement 5 000 exemples a fait passer son score F1 de 0,82 à 0,91. En revanche, certaines API commerciales de fine-tuning donnent des performances limitées — seulement 37 % de précision pour l'intégration de connaissances et 19 % pour la mise à jour de contenu — soulignant l'importance continue des scripts et jeux de données partagés par la communauté (Daily Papers - Hugging Face, 2025).

La collaboration ouverte est un autre pilier du Hub. Les forums sont des lieux d'échanges actifs où les utilisateurs résolvent des problèmes comme les hallucinations de modèles, les bugs de tokenisation ou les goulots d'étranglement en déploiement.
Dans un fil de discussion récent, la communauté a diagnostiqué et corrigé un pic de latence sur un modèle d'images après une mise à jour, publiant un correctif collaboratif en moins de 48 heures.
Des initiatives comme le projet BigScience — coordonnant plus de 1 000 contributeurs à travers le monde — ont produit le modèle multilingue BLOOM, illustrant la puissance d'une collaboration décentralisée.

Événements communautaires tels que les hackathons, les sprints de modèles et les cycles de conférences favorisent un apprentissage rapide et des échanges directs entre pairs.

L'Open LLM Leaderboard, par exemple, incite aux soumissions et au benchmarking de modèles émergents, accélérant l'innovation et aidant les développeurs à rester alignés avec l'état de l'art (Daily Papers - Hugging Face, 2025).

La transition du prototype à la production est fluide grâce aux fonctionnalités de déploiement intégrées de HuggingFace. Une fois entraînés ou affinés, les modèles peuvent être publiés sur le Hub via des scripts Python ou des workflows basés sur Git, bénéficiant automatiquement du versionnage, de la documentation et d'API prêtes à l'emploi. L'hébergement sur HuggingFace Spaces permet de proposer des démonstrations en direct avec des outils comme Gradio ou Streamlit, facilitant les retours en temps réel et l'itération.

Pour l'inférence à grande échelle, la plateforme propose les HuggingFace Inference Endpoints, capables de s'auto-dimensionner sur AWS, Azure ou GCP, avec support GPU et configurations en cloud privé. Par exemple, une API fintech peut déployer un BART summarizer via un point d'accès auto-scalable, fournissant des résumés en moins de 300 millisecondes à l'échelle mondiale. Il suffit d'une ligne de code : `pipeline("text-classification", model="my-model")` pour que les développeurs déploient des pipelines d'inférence robustes avec un minimum de surcharge.

Soutenue par une documentation exhaustive et des bibliothèques activement maintenues, l'infrastructure HuggingFace garantit reproductibilité et stabilité, de la recherche à la production.

En combinant un accès simplifié aux modèles, un affinage efficace, une collaboration dynamique et un déploiement sans friction, HuggingFace Hub redéfinit le flux de travail en apprentissage automatique et constitue un moteur indispensable pour le développement moderne de l'IA (Daily Papers - Hugging Face, 2025).

FastAPI : des API (interface de programmation d'applications) ultra-rapides pour l'IA

Vitesse et capacités asynchrones

Les charges de travail en IA exigent souvent une livraison rapide et non bloquante des inférences — que les modèles soient exécutés localement ou via des plateformes comme HuggingFace. FastAPI, construit sur Starlette et propulsé par les type hints de Python, offre une gestion asynchrone des requêtes à grande échelle. Sa syntaxe async/await permet des opérations d'E/S non bloquantes, idéales pour l'inférence de modèles ou l'accès à des données distantes sans interrompre le thread principal de l'application. Voici un exemple classique de route asynchrone avec FastAPI :

```
from fastapi import FastAPI

app = FastAPI()

@app.post("/predict")
async def predict(data: dict):
    result = await async_model_infer(data)
    return {"prediction": result}
```

Ici, `async_model_infer` peut appeler un modèle ML hébergé ou récupérer des artefacts depuis un stockage cloud. La boucle d'événements de FastAPI garantit que d'autres requêtes sont traitées en parallèle — un atout essentiel lorsque la latence d'inférence varie sous des charges irrégulières (Service, 2024 ; Raman Bazhanau, 2024).

FastAPI se classe parmi les frameworks Python les plus performants, avec des benchmarks proches de Node.js et Go en termes de débit sous des serveurs ASGI comme Uvicorn ou Gunicorn avec UvicornWorker. Lorsqu'il est optimisé, il peut gérer des dizaines de milliers de requêtes par seconde — ce qui en fait une solution parfaitement adaptée aux services d'IA sensibles à la latence (Service, 2024).

Fonctionnalités de documentation

FastAPI génère automatiquement une documentation conforme à OpenAPI (Swagger) à partir des type hints Python et des modèles Pydantic. Cela permet des tests interactifs et une intégration fluide. Exemple :

```
from pydantic import BaseModel

class InputData(BaseModel):
    inputs: list[str]

@app.post("/classify", response_model=dict)
async def classify(input: InputData):
    result = await model.classify(input.inputs)
    return {"outputs": result}
```

Cette configuration produit une interface Swagger UI en direct sur `/docs` et ReDoc sur `/redoc`, permettant aux utilisateurs d'explorer les formats d'entrée et de tester l'inférence en temps réel. Les type hints définissent clairement les entrées et les sorties attendues, réduisant ainsi les bugs à l'exécution et accélérant l'intégration (Service, 2024 ; Raman Bazhanau, 2024).

Éléments de scalabilité

L'architecture sans état de FastAPI prend en charge les architectures extensibles. Pour les points de terminaison IA en production — comme les classificateurs de texte ou les pipelines de vision — plusieurs workers peuvent être exécutés sous Gunicorn en utilisant:

```
# gunicorn.conf.py
workers = 4
worker_class = "uvicorn.workers.UvicornWorker"
```

L'ajout de Nginx comme proxy inverse assure la terminaison SSL, la diffusion des ressources statiques et un routage efficace. Une pile de production robuste peut inclure:

- application FastAPI avec inférence asynchrone
- Uvicorn ou Gunicorn (serveur ASGI)
- Systemd ou Supervisor pour la gestion des processus
- Nginx comme proxy inverse avec SSL
- CDN optionnel pour la diffusion des artefacts ML

FastAPI est largement adopté dans des environnements conteneurisés (par ex. Docker, Kubernetes), prenant en charge les déploiements blue-green, les mises à jour progressives (rolling updates) et l'autoscaling — essentiels pour des modèles ML en constante évolution (Service, 2024 ; Raman Bazhanau, 2024).

Microservices et modèles d'intégration

FastAPI applique les principes des microservices, permettant aux points de terminaison d'inférence de fonctionner comme des services autonomes. Ils peuvent communiquer via REST, WebSockets ou gRPC, et s'intégrer à des registres de modèles, des plateformes d'observabilité ou des systèmes de sécurité.

Cadre de test

Pour un développement robuste, FastAPI propose un TestClient pour simuler des appels API :

```
from fastapi.testclient import TestClient

client = TestClient(app)

def test_classify():
    response = client.post("/classify", json={"inputs": ["example
text"]})
    assert response.status_code == 200
    assert "outputs" in response.json()
```

Cela facilite les tests unitaires et d'intégration. Les gestionnaires d'exceptions et la journalisation intégrée accélèrent le débogage, tandis que la prise en charge native de Prometheus et des stacks ELK permet une surveillance détaillée (Raman Bazhanau, 2024).

L'usage des variables d'environnement, des journaux structurés et d'une architecture compatible avec les conteneurs garantit une intégration fluide dans les pipelines CI/CD et les workflows DevOps.

Ensemble, HuggingFace et FastAPI offrent une pile puissante pour créer, affiner, déployer et faire évoluer des solutions d'IA avec rapidité, fiabilité et des outils conviviaux pour les développeurs.

Éléments de scalabilité

L'architecture sans état de FastAPI prend en charge les architectures extensibles. Pour les points de terminaison IA en production — comme les classificateurs de texte ou les pipelines de vision — plusieurs workers peuvent être exécutés sous Gunicorn en utilisant:

```
# gunicorn.conf.py
workers = 4
worker_class = "uvicorn.workers.UvicornWorker"
```

L'ajout de Nginx comme proxy inverse assure la terminaison SSL, la diffusion des ressources statiques et un routage efficace. Une pile de production robuste peut inclure:

- application FastAPI avec inférence asynchrone
- Uvicorn ou Gunicorn (serveur ASGI)
- Systemd ou Supervisor pour la gestion des processus
- Nginx comme proxy inverse avec SSL
- CDN optionnel pour la diffusion des artefacts ML

FastAPI est largement adopté dans des environnements conteneurisés (par ex. Docker, Kubernetes), prenant en charge les déploiements blue-green, les mises à jour progressives (rolling updates) et l'autoscaling — essentiels pour des modèles ML en constante évolution (Service, 2024 ; Raman Bazhanau, 2024).

Microservices et modèles d'intégration

FastAPI applique les principes des microservices, permettant aux points de terminaison d'inférence de fonctionner comme des services autonomes. Ils peuvent communiquer via REST, WebSockets ou gRPC, et s'intégrer à des registres de modèles, des plateformes d'observabilité ou des systèmes de sécurité.

Cadre de test

Pour un développement robuste, FastAPI propose un TestClient pour simuler des appels API :

```
from fastapi.testclient import TestClient

client = TestClient(app)

def test_classify():
    response = client.post("/classify", json={"inputs": ["example
text"]})
    assert response.status_code == 200
    assert "outputs" in response.json()
```

Cela facilite les tests unitaires et d'intégration. Les gestionnaires d'exceptions et la journalisation intégrée accélèrent le débogage, tandis que la prise en charge native de

Prometheus et des stacks ELK permet une surveillance détaillée (Raman Bazhanau, 2024).

L'usage des variables d'environnement, des journaux structurés et d'une architecture compatible avec les conteneurs garantit une intégration fluide dans les pipelines CI/CD et les workflows DevOps.

Ensemble, HuggingFace et FastAPI offrent une pile puissante pour construire, affiner, déployer et faire évoluer des solutions d'IA avec rapidité, fiabilité et des outils conviviaux pour les développeurs.

Docker : un déploiement fiable partout

Docker est devenu une pierre angulaire pour les ingénieurs en IA qui recherchent un déploiement sans effort et une reproductibilité fiable. Les projets d'IA dépendent d'un enchevêtrement complexe de frameworks, de bibliothèques système et de pilotes matériels, ce qui rend difficile la reproduction d'environnements cohérents. L'avantage principal de Docker réside dans l'emballage de toutes les dépendances logicielles — Python, pilotes CUDA, TensorFlow, PyTorch, scikit-learn et ensembles de données — dans des images autonomes et portables.

En définissant un Dockerfile, les ingénieurs peuvent verrouiller chaque composant, y compris les versions du système d'exploitation de base. Un Dockerfile typique pour l'IA peut commencer avec python:3.8-slim, installer les dépendances avec `pip install -r requirements.txt`, copier des binaires personnalisés et définir des variables d'environnement critiques comme `CUDA_VISIBLE_DEVICES`. Le résultat est un conteneur immuable qui se comporte de manière identique, qu'il s'exécute sur un ordinateur portable, un cluster GPU ou un nœud cloud (Vidya Ugare, 2024).

La reproductibilité est particulièrement cruciale dans la recherche et les domaines réglementés. Docker rend l'ensemble du processus de construction explicite. Au lieu de configurer manuellement une nouvelle machine, un collègue peut exécuter :

```
docker build .
docker run -it <image>
```

...et créer un environnement identique en quelques secondes. Cela garantit la compatibilité lorsque des versions précises de TensorFlow ou de CUDA sont nécessaires. L'intégration NVIDIA est gérée grâce aux images de base CUDA et au runtime nvidia-docker, permettant la prise en charge GPU pour l'entraînement et l'inférence. Cela élimine la dérive des environnements et accélère la transition de l'expérimentation à la production (Breaking down the Web Application Deployment Process, n.d.).

La gestion des versions de conteneurs au fil du temps est essentielle, à mesure que les modèles et les dépendances évoluent. Docker prend en charge le marquage des images (tagging) — par ex. `1.0.0, experiment-20240120 ou latest`. Les équipes peuvent suivre, reproduire et restaurer des configurations. Les dépendances sont généralement fixées dans `requirements.txt`, et des tags descriptifs (comme ml-model-cuda112-torch180) sont utilisés lors du push vers les registres. Cet historique versionné garantit que des environnements antérieurs peuvent être redéployés instantanément en cas de régressions.

Lorsque des mises à jour sont nécessaires — comme l'ajout d'un script de prétraitement ou la mise à jour de PyTorch — une nouvelle image est construite et stockée, sans jamais écraser les builds existantes. Les équipes peuvent basculer rapidement entre versions, restaurant la fonctionnalité ou reproduisant des bugs avec précision (Vidya Ugare, 2024).

Pour la collaboration, les registres Docker servent de points de distribution centralisés. Des options publiques comme Docker Hub ou des solutions privées telles qu'AWS Elastic Container Registry permettent aux équipes de `docker push` et `docker pull` des environnements partagés. Cela garantit que tous les contributeurs utilisent les mêmes configurations, éliminant ainsi les incohérences. Le débogage devient systématique : si un bug apparaît uniquement sur la machine d'un collègue, il peut être reproduit exactement en utilisant l'image partagée (Breaking down the Web Application Deployment Process, n.d. ; Vidya Ugare, 2024).

Lors du passage à l'échelle au-delà des machines de développement, Docker s'intègre parfaitement avec les principaux fournisseurs de cloud. AWS, Azure et GCP prennent en charge nativement le déploiement de conteneurs. Des plateformes comme AWS SageMaker ou Google AI Platform acceptent directement les images Docker comme points de terminaison d'inférence. En production, les conteneurs sont généralement orchestrés par Kubernetes, qui automatise la mise à l'échelle horizontale, la récupération après panne et le routage du trafic.

Un pipeline CI/CD classique peut :

- Entraîner un modèle dans GitHub Actions
- Construire une image Docker lors d'un commit réussi
- La pousser dans un registre
- Mettre automatiquement à jour les services en cours d'exécution avec la nouvelle image

Cela permet des mises à jour sans interruption pour les modèles d'IA, les scripts d'inférence et les changements de dépendances. Docker transforme ainsi le déploiement de l'IA, d'un processus manuel et sujet aux erreurs, en un cycle de vie automatisé et rationalisé (Vidya Ugare, 2024 ; Breaking down the Web Application Deployment Process, n.d.).

MLflow : surveiller l'IA dans la pratique

Les environnements conteneurisés sont devenus la norme en ingénierie de l'IA, offrant cohérence et évolutivité pour la création, l'entraînement et le déploiement de modèles d'apprentissage automatique. Dans ces environnements, gérer un nombre croissant d'expériences, de jeux de données et de modèles peut rapidement devenir chaotique. MLflow répond à cette complexité en unifiant le suivi des expériences, la journalisation des métriques, la reproductibilité et la visualisation, permettant aux équipes de maintenir un contrôle rigoureux des workflows ML tout en accélérant le développement. En s'intégrant nativement aux principales bibliothèques de ML et en prenant en charge des options de déploiement flexibles, MLflow facilite son adoption dans des piles techniques et des contextes organisationnels variés (MLflow: A Tool for Managing the Machine Learning Lifecycle | MLflow, 2025).

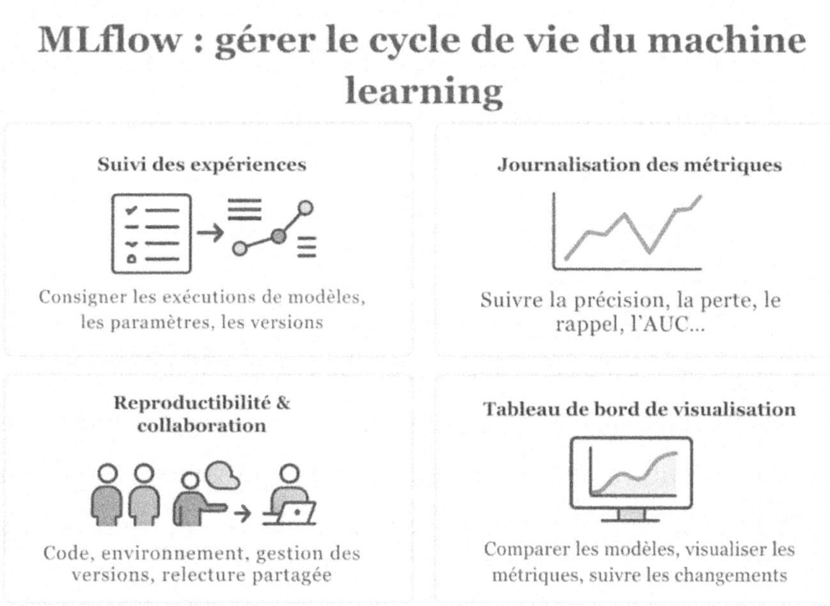

Les projets de machine learning nécessitent souvent des dizaines, voire des centaines d'expériences pour ajuster les hyperparamètres et améliorer les performances des modèles. Le suivi des expériences avec MLflow permet aux développeurs d'enregistrer chaque entraînement avec tous les paramètres pertinents, artefacts, code du modèle et résultats. Par exemple, lors de l'entraînement d'un modèle de régression scikit-learn, un ingénieur peut suivre les variables d'entrée, le type de modèle, les paramètres de régularisation, la graine aléatoire, le SHA du commit Git et même la version Python de l'environnement. Ces paramètres sont enregistrés automatiquement avec `mlflow.autolog()` ou manuellement pour une personnalisation plus poussée, constituant une archive complète de chaque tentative (MLflow, 2025).

Supposons qu'un data scientist souhaite comparer des forêts aléatoires (random forests) avec différentes profondeurs et taux d'apprentissage : en journalisant chaque exécution, toutes les variantes — structure du modèle, division des données d'entraînement et résultats — sont stockées pour une comparaison ultérieure. La comparaison des modèles devient intuitive, car MLflow présente des tableaux côte à côte des exécutions, permettant d'identifier facilement les modèles les plus prometteurs en fonction de la précision de validation, de la perte ou du score F1. Si une exécution produit de mauvais résultats à cause d'un paramètre incorrect ou d'un bug de données, le log correspondant permet une analyse rapide des causes.

Suivi des métriques

Le suivi précis des performances est essentiel pour diagnostiquer la santé des expériences et la qualité des sorties des modèles. MLflow prend en charge la journalisation automatique ou personnalisée des métriques, permettant de surveiller des indicateurs standards comme l'exactitude (accuracy), le rappel (recall), la perte (loss) ou l'AUC-ROC, tout en capturant des métriques spécifiques au domaine. Ces métriques sont mises à jour en temps réel et stockées pour chaque expérience.

Les ingénieurs ML peuvent configurer des alertes afin de surveiller des signaux d'avertissement, tels qu'une augmentation soudaine de la perte, la disparition des gradients, ou des plateaux indiquant un surapprentissage ou une dérive des données. La journalisation automatisée réduit considérablement les erreurs manuelles et fournit un historique fiable des métriques. Lors de l'ajustement des modèles, l'observation des courbes de convergence et des fluctuations métriques aide à identifier les hyperparamètres efficaces. Par exemple, une chute brutale de la précision après une augmentation de la complexité du modèle suggère un surapprentissage — scénario immédiatement visible dans l'interface MLflow (MLflow, 2025).

Reproductibilité et collaboration

La reproductibilité constitue un défi constant dans le développement de l'IA, en particulier lorsque le code, les données et les dépendances sont fréquemment mis à jour ou que des membres de l'équipe apportent des modifications à distance. MLflow répond à ce problème en enregistrant tous les composants nécessaires : valeurs de paramètres, code du modèle, poids, dépendances, artefacts versionnés et échantillons de données, garantissant que chaque exécution puisse être restaurée avec précision.

La configuration de l'environnement, y compris les bibliothèques installées et les prérequis système, est consignée grâce aux fonctions de suivi d'environnement de MLflow. Cela rend possible la recréation des expériences, l'audit des modèles en production et le respect des exigences de conformité dans les secteurs réglementés. Par exemple, un modèle entraîné sur l'ordinateur portable d'un ingénieur peut être reproduit par un collègue travaillant dans des conteneurs cloud, car MLflow capture l'environnement conda ou pip utilisé ainsi que le script ayant lancé l'exécution.

La collaboration d'équipe est facilitée par des serveurs MLflow partagés, permettant à plusieurs utilisateurs de consulter, commenter et promouvoir des versions de modèles via des étapes systématiques telles que la mise en « staging », la production et l'archivage (MLflow: A Tool for Managing the Machine Learning Lifecycle | MLflow, 2025).

Capacités de visualisation

La visualisation des données est essentielle pour obtenir des enseignements et prendre des décisions. Le tableau de bord MLflow propose un suivi de la progression, des graphiques de métriques et une navigation parmi les artefacts de modèles. Les utilisateurs peuvent interpréter des graphiques de performance — comme des courbes de précision dans le temps, des cartes thermiques de paramètres ou des matrices de confusion — pour guider la sélection et l'itération des modèles.

Comparer des dizaines d'exécutions de modèles, chacune avec des données d'entrée ou des architectures différentes, se résume à quelques clics dans le tableau de bord. Les dégradations de performance, les exécutions aberrantes et les convergences d'optimisation deviennent immédiatement visibles. Lorsqu'un ingénieur présente ses résultats aux parties prenantes, les visualisations de MLflow fournissent des justifications claires et fondées sur les données pour promouvoir certains modèles en production ou les réentraîner sur de nouvelles données.

Mettre en place MLflow dans un workflow simple de deep learning peut impliquer de lancer un serveur de suivi MLflow dans un conteneur Docker, d'instrumenter les scripts d'entraînement avec `mlflow.autolog()`, et d'examiner les résultats via l'interface utilisateur (UI). Un piège courant consiste à ne pas synchroniser le contrôle de version avec le suivi des expériences, ce qui entraîne une « perte » du contexte des modèles ; ce problème est évité en enregistrant le git SHA avec chaque exécution, une bonne pratique pour l'auditabilité.

Une collaboration efficace se produit lorsque tous les membres de l'équipe contribuent à une instance MLflow partagée, annotent les exécutions prometteuses et examinent les modèles enregistrés via un workflow d'approbation, réduisant ainsi les frictions et permettant une data science cohérente et reproductible à grande échelle (MLflow, 2025).
En intégrant MLflow dans des workflows conteneurisés, les organisations apportent durabilité, traçabilité et fiabilité aux processus d'ingénierie de l'IA.

Rassembler tous les éléments

Nous avons maintenant exploré les outils et plateformes essentiels qui façonnent l'ingénierie moderne de l'IA — de l'utilisation de puissantes API de modèles de langage et de ressources communautaires, à la création d'API évolutives avec FastAPI, au déploiement d'environnements fiables grâce à Docker, et au suivi efficace des expériences avec MLflow. Vous disposez ainsi d'une base pratique pour construire, déployer et gérer des applications d'IA en toute confiance.
La maîtrise de ces technologies vous permet d'aller au-delà de la théorie pour entrer dans le développement pratique, en créant des solutions qui fonctionnent de manière fiable dans des environnements réels tout en maintenant reproductibilité et évolutivité. En poursuivant votre apprentissage, l'intégration de ces outils accélérera votre capacité à livrer des projets d'IA à fort impact, à vous adapter aux demandes en constante évolution et à contribuer de manière significative à la communauté collaborative et dynamique de l'ingénierie de l'IA.

Chapitre 4
L'art des chatbots : créer votre premier projet d'IA avec OpenAI

Vous êtes-vous déjà demandé ce qu'il faut pour créer un chatbot d'IA qui semble naturel et utile plutôt que mécanique et déroutant ? Comment les développeurs transforment-ils une simple idée en un programme fonctionnel capable de comprendre des conversations, de répondre de manière appropriée et de s'améliorer au fil du temps ?

Quels outils et quelles étapes sont nécessaires pour créer un chatbot avec la technologie d'OpenAI, depuis la configuration de l'environnement de développement jusqu'au perfectionnement de ses réponses et à la présentation professionnelle du projet final ?

Si ces questions vous ont traversé l'esprit, ce chapitre vous propose un parcours clair à travers le processus. Il vous guidera dans la création de votre premier chatbot d'IA en décomposant chaque étape — de la conception de conversations conviviales et de la préparation de votre environnement de développement à l'écriture du code, aux tests de performance et à l'extension des fonctionnalités.

En chemin, vous découvrirez des méthodes pratiques pour garantir que votre chatbot gère correctement les interactions réelles et vous apprendrez à valoriser efficacement votre travail pour de futures opportunités. Que vous débutiez dans l'ingénierie de l'IA, que vous soyez un développeur logiciel en reconversion ou simplement curieux de créer des applications intelligentes, ce chapitre pose les bases pour créer des chatbots fonctionnels et fiables, en toute confiance.

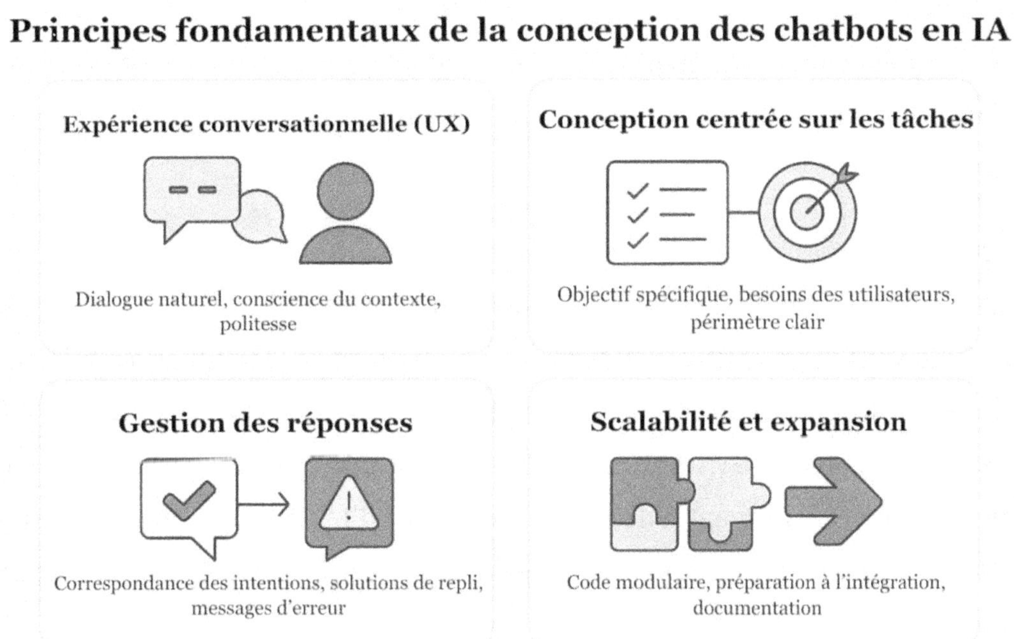

Poser les bases : principes de conception des chatbots

Un chatbot bien conçu commence par une compréhension approfondie de l'expérience utilisateur conversationnelle (UX). Au cœur de cette approche, l'interaction naturelle repose sur des flux de conversation qui imitent un dialogue humain authentique — en tenant compte du contexte, de l'alternance des tours de parole et d'un langage qui semble intuitif. La confiance est renforcée par des éléments de conception réfléchis comme des salutations polies, des réponses pertinentes et la transparence sur les capacités du bot.

Par exemple, un chatbot qui commence par « Bonjour, comment puis-je vous aider aujourd'hui ? » et qui propose des options claires reflète une pensée centrée sur l'utilisateur. À l'inverse, des bots qui ignorent le contexte ou répondent de façon mécanique érodent rapidement la confiance. Des structures conversationnelles efficaces reconnaissent les demandes, posent des questions de clarification si nécessaire et fournissent des confirmations ou des suivis. Un assistant de voyage, par exemple, renforce la confiance en confirmant clairement les sélections de vol et les politiques de voyage (Janssen et al., 2022 ; Amore Rossouw & Smuts, 2023).

Un bon design UX va au-delà des simples échanges. Des techniques telles que les stratégies de politesse, les invites dirigées et la définition de limites aident les utilisateurs à se sentir respectés et en contrôle. Pour les personnes âgées, formuler les instructions comme des suggestions — plutôt que comme des ordres — favorise le confort et s'aligne avec la théorie de la politesse (Amore Rossouw & Smuts, 2023). La transparence compte également : indiquer clairement « Je suis un assistant d'IA et je ne peux pas donner de conseils juridiques, mais je peux vous aider à trouver des ressources » renforce la confiance et fixe les attentes (Janssen et al., 2022).

Le pilier suivant de la conception est la fonctionnalité axée sur les tâches. Un chatbot doit être lancé avec un objectif clair, enraciné dans de vrais besoins utilisateurs. Cela commence par des entretiens avec les parties prenantes et une cartographie du parcours pour identifier les problèmes que le bot résoudra et ceux qui devront être transférés. Par exemple, un bot de support e-commerce doit prioriser des fonctions essentielles comme le suivi des commandes, les retours et les FAQ produits, plutôt que de gérer des demandes non liées.

Un projet bien défini aligne les limites des tâches du chatbot avec des résultats pratiques et les ressources disponibles. Les développeurs doivent définir clairement les intentions initiales et les actions, permettant aux retours des utilisateurs de guider les itérations futures (Janssen et al., 2022). Les périmètres restreints et ciblés ont tendance à surpasser les périmètres larges en termes de clarté et de satisfaction utilisateur.

Un autre principe essentiel est la gestion robuste des réponses. La validation des sorties du chatbot garantit la pertinence et la clarté. Les techniques clés incluent le suivi du contexte et la correspondance précise des intentions. En cas d'incertitude, des réponses de repli comme « Je ne suis pas sûr de pouvoir vous aider à ce sujet — souhaitez-vous parler à un conseiller ? » offrent des sorties élégantes sans promesses excessives.

Une gestion transparente des erreurs renforce la confiance. Plutôt que des messages cryptiques, les bots doivent reformuler les invites ou proposer des suggestions. Par exemple : « Je n'ai pas bien compris. Vous pouvez me demander des informations sur les produits ou les livraisons. » Cela aide l'utilisateur à rester sur la bonne voie et évite les impasses conversationnelles (Amore Rossouw & Smuts, 2023 ; Janssen et al., 2022).

La planification de l'expansion est le dernier pilier. Une architecture modulaire permet aux développeurs d'ajouter de nouvelles fonctionnalités — comme des salutations, des flux de support ou des intégrations — sans perturber les composants existants. Chaque intention doit être construite comme un module indépendant afin de favoriser la maintenabilité et les mises à jour agiles.

Une documentation complète est essentielle pour la mise à l'échelle : cartographier les intentions, les réponses et les connexions API garantit un onboarding fluide et un débogage efficace. La préparation à l'intégration est également cruciale, car les chatbots se connectent souvent à des CRM, des systèmes de paiement ou des plateformes d'analytique. Une conception pilotée par API permet la récupération de données, les mises à jour en temps réel et la prise en charge multilingue.

Ensemble, ces principes de conception — UX conversationnelle, structure axée sur les tâches, gestion des réponses et évolutivité modulaire — fournissent un cadre pour créer des chatbots fiables et faciles à utiliser. Ancrés dans la recherche appliquée, ils garantissent que votre chatbot évolue avec les besoins des utilisateurs tout en maintenant clarté, cohérence et confiance (Janssen et al., 2022 ; Amore Rossouw & Smuts, 2023).

Se préparer au succès : configurer votre environnement de développement

Bien configurer l'environnement de développement est essentiel pour construire un chatbot efficace et sécurisé basé sur OpenAI. Cette étape transforme la conception du chatbot en code concret et maintenable. Une configuration robuste garantit que chaque fonctionnalité conversationnelle et chaque détail d'UX évoqué précédemment puissent être implémentés et étendus sans difficulté.

Commencez par vérifier que Python est installé et à jour. Ouvrez un terminal et exécutez:

```
python --version
```

ou, sur certains systèmes :

```
python3 --version
```

Pour les projets utilisant des frameworks modernes comme pygpt-net, Python 3.9 ou une version ultérieure est requis. Si le terminal confirme une version ≥ 3.9, vous êtes prêt.

Sur Windows, vous devrez peut-être mettre à jour votre PATH après l'installation de Python. Les utilisateurs Linux peuvent installer Python 3.9+ avec :

```
sudo apt-get install python3.9
```

Sur macOS, on utilise généralement Homebrew :

```
brew install python@3.9
```

Les projets Python bénéficient de l'utilisation d'environnements virtuels pour isoler les dépendances. Créez d'abord un dossier pour votre projet, puis configurez l'environnement avec :

```
python -m venv venv
```

ou :

```
python3.9 -m venv venv
```

Pour activer l'environnement :

- **Sur Windows** :

```
venv\Scripts\activate
```

- Sur **macOS/Linux** :

```
source venv/bin/activate
```

Votre invite de commande affichera `(venv)` pour confirmer que l'environnement est actif. Si l'activation échoue, vérifiez les chemins et les permissions du terminal.

Ensuite, configurez une intégration sécurisée avec l'API d'OpenAI. Après vous être connecté à votre compte OpenAI, générez une clé API depuis le tableau de bord. Conservez cette clé en sécurité — elle ne doit jamais être codée en dur ni exposée dans du code public.

Pour la stocker en toute sécurité :

- Sur **macOS/Linux**, ajoutez-la à votre configuration shell (par ex.,`~/.bashrc` or `~/.zshrc`):

```
export OPENAI_API_KEY='sk-xxxxxxxxxxxxxxxxxxxxxxxx'
```

- Sur **Windows**, dans l'invite de commandes :

```
set OPENAI_API_KEY=sk-xxxxxxxxxxxxxxxxxxxxxxxx
```

Ou utilisez le menu *Variables d'environnement* pour une configuration persistante. Accédez à la clé dans le code via :

```
import os
api_key = os.environ["OPENAI_API_KEY"]
```

Installez maintenant les paquets nécessaires. Utilisez un fichier `requirements.txt` dans la racine du projet :

```
openai>=0.27.0
streamlit>=1.20
tiktoken
pygpt-net
```

Installez toutes les dépendances avec :

```
pip install -r requirements.txt
```

Si pip échoue, essayez de le mettre à jour :

```
python -m pip install --upgrade pip
```

Puis vérifiez la configuration dans un shell Python :

```
import openai
import streamlit
import tiktoken
```

Si aucune erreur n'apparaît, votre environnement est prêt.
Cette configuration garantit fiabilité, modularité et sécurité : dépendances isolées, clés API protégées et outils sous contrôle de version vous préparent à un développement de chatbot évolutif et maintenable. Avec ces bases en place, vous êtes prêt à plonger dans les fonctionnalités essentielles comme la génération de réponses, la gestion des entrées et la mémoire contextuelle (Pygpt-Net, 2023 ; GeeksforGeeks, 2024).

Guide pratique : tutoriel pas à pas de codage de chatbot

Les chatbots basés sur l'IA rendent les interactions numériques plus fluides — qu'il s'agisse de répondre à la question d'un client ou d'accompagner un employé dans son intégration. Construire un chatbot fiable et réactif implique une série d'étapes techniques et pratiques qui garantissent un système utile et robuste.

Le processus commence par le choix des bons outils. Python est un excellent candidat grâce à son écosystème de bibliothèques de NLP (traitement du langage naturel). Des packages comme ChatterBot offrent un moyen simple de lancer des bots conversationnels en les entraînant soit sur des corpus linguistiques existants, soit sur des jeux de données personnalisés. Avec seulement quelques lignes de code, vous pouvez initialiser un chatbot, l'entraîner et commencer à gérer des conversations simples :

```
from chatterbot import ChatBot
from chatterbot.trainers import ChatterBotCorpusTrainer

bot = ChatBot("HelperBot")
trainer = ChatterBotCorpusTrainer(bot)
trainer.train("chatterbot.corpus.english")
```

Cette configuration permet à votre bot de comprendre des interactions de base après un entraînement minimal (Building an AI Chatbot Using Python and NLP, 2024).

Pour gérer des cas d'usage réels, la gestion du contexte est essentielle. En stockant l'historique des conversations, les chatbots peuvent fournir des réponses cohérentes avec les interactions précédentes. Cela évite les questions répétitives et rend les réponses plus naturelles. Par exemple, si un utilisateur a déjà fourni son numéro de compte, le bot ne devrait pas le redemander (Building a Conversational Chatbot with GPT-4: Step-By-Step Guide, 2024).

La connexion du bot à des API externes ajoute de la valeur. Qu'il s'agisse de récupérer des cours boursiers ou de vérifier un inventaire, les intégrations en temps réel améliorent considérablement ses capacités. Une gestion robuste des erreurs doit être implémentée afin que le bot puisse informer élégamment les utilisateurs lorsque les sources de données sont indisponibles.

Une autre configuration clé consiste à affiner les paramètres de sortie. L'ajustement de paramètres comme *temperature* contrôle la créativité des réponses. Dans des domaines nécessitant une grande précision (finance, RH), une valeur basse de *temperature* produit des réponses plus ciblées ; dans les ventes ou le support client, une valeur plus élevée favorise des échanges plus conviviaux et dynamiques.

Pour des fonctionnalités avancées, on peut envisager le Retrieval-Augmented Generation (RAG) ainsi que des frameworks comme Rasa. RAG améliore les chatbots en associant des modèles de langage à des systèmes de recherche d'informations, permettant ainsi de fournir des réponses détaillées et contextualisées à partir de vastes ensembles de données. Rasa, quant à lui, prend en charge des flux structurés, la reconnaissance d'intentions et les dialogues multi-tours. Vous pouvez définir des intentions (*intents*), des entités et des scénarios (*stories*) afin de guider les conversations avec précision :

```
stories:
- story: greet and inquire product
  steps:
  - intent: greet
  - action: utter_greet
  - intent: ask_product
  - action: action_lookup_product
```

Ces outils soutiennent le développement de chatbots de niveau entreprise, avec une extensibilité et des options d'intégration poussées (Building an AI Chatbot Using Python and NLP, 2024).

Les applications réelles démontrent la valeur des chatbots dans divers secteurs :

- **Service client** : les bots répondent instantanément aux FAQ, réduisant le volume de tickets.

- **Finance** : ils assistent les utilisateurs dans les vérifications d'éligibilité ou les étapes d'une demande.
- **Ressources humaines** : ils guident les nouveaux employés tout au long du processus d'intégration.
- **Ventes** : ils recommandent des produits en fonction de l'historique des interactions.
- **Support interne** : ils orientent le personnel vers la documentation ou les ressources informatiques pertinentes.

Des défis subsistent, tels que la gestion fluide des entrées inattendues, l'intégration de plusieurs API et le maintien de la confidentialité des données. Un entraînement continu permet au bot d'évoluer avec le comportement des utilisateurs. Le déploiement dans le cloud, les pipelines CI/CD et les interfaces Web facilitent les tests et la mise à l'échelle.

Les chatbots basés sur l'IA deviennent de plus en plus des outils essentiels dans de nombreux secteurs. Leur capacité à comprendre, à mémoriser, à relier et à automatiser en fait de puissants alliés pour créer des systèmes réactifs et intelligents (Building a Conversational Chatbot with GPT-4: Step-By-Step Guide, 2024 ; Building an AI Chatbot Using Python and NLP, 2024).

Affiner et développer : tester et faire évoluer le chatbot

Une approche robuste pour tester et développer votre chatbot commence par des tests fonctionnels. Les cas de test spécifiques doivent inclure la reconnaissance des salutations, la gestion des entrées hors domaine, la récupération de données via API, les déclencheurs d'escalade et la gestion des conversations multi-tours. Votre suite de tests doit couvrir les intentions attendues des utilisateurs, les cas limites, les fautes de frappe, les formulations ambiguës et les entrées adversariales. Les tests manuels sont essentiels, mais l'automatisation améliore considérablement l'évolutivité et la cohérence. Des outils comme Botium ou Test My Bot permettent de simuler des parcours utilisateurs, de valider la précision du NLP et de tester les performances sous charge (SmythOS, 2024).

Structurez vos tests avec YAML ou JSON, en définissant les entrées utilisateur, les sorties attendues et les assertions. Cette approche favorise la répétabilité et l'extension facile des tests. Pour surveiller le comportement et les performances, implémentez une journalisation structurée. Enregistrez chaque session avec des horodatages, l'entrée utilisateur, l'intention prédite, la réponse et les scores de confiance. Exemple de journalisation :

```
import logging
logging.basicConfig(filename='chatbot_sessions.log',
level=logging.INFO)

def log_exchange(session_id, user_input, predicted_intent, response,
confidence):

logging.info(f"{session_id},{user_input},{predicted_intent},{confidenc
e},{response}")
```

Pour l'analyse, suivez des métriques telles que la précision de correspondance des intentions, les faux positifs/négatifs, le taux de résolution et le temps de réponse. Construisez des tableaux de bord pour visualiser les taux de réussite quotidiens, la fréquence des escalades et les expressions mal comprises.

La gestion du contexte reste centrale. Stockez l'historique des conversations par session, idéalement dans une fenêtre de 5 à 10 messages pour équilibrer cohérence et limites de jetons API. Réduisez ou résumez dynamiquement l'historique si nécessaire :

```
conversation_history = []

def add_to_history(role, message):
    conversation_history.append((role, message))
    if len(conversation_history) > 10:
        conversation_history.pop(0)
```

Incluez des déclencheurs de réinitialisation comme "`/reset`" ou une réinitialisation automatique après des tâches sensibles, une authentification ou un délai d'inactivité.

Les réponses basées sur des rôles offrent personnalisation et contrôle du domaine. Définissez des personas avec des contraintes sur le ton, les sujets autorisés et le style de réponse :

```
support_persona = {
    "name": "SupportBot",
    "tone": "professional",
    "allowed_topics": ["troubleshooting", "account"],
    "response_length": "concise"
}

friendly_persona = {
    "name": "Chloe",
    "tone": "casual, friendly",
    "allowed_topics": "all",
    "response_length": "detailed"
}
```

Basculez dynamiquement entre les personas :

```
def set_persona(persona_name):
    global active_persona
    if persona_name == "Support":
        active_persona = support_persona
    elif persona_name == "Friendly":
        active_persona = friendly_persona
```

Cela influence le comportement et le style du bot. Exemple :
« Bonjour ! Comment puis-je vous aider à résoudre votre problème aujourd'hui ? »
« Hey ! 😊 Qu'est-ce que je peux faire pour toi ? »

Pour améliorer en continu, collectez du feedback via des boutons (👍/👎), des notes ou des commentaires. Enregistrez ce retour avec des liens de session :

```
def record_feedback(session_id, rating, comment=None):
    with open('feedback.csv', 'a') as f:
        f.write(f"{session_id},{rating},{comment}\n")
```

Utilisez ces données pour affiner les classificateurs, réviser les réponses et suivre la satisfaction dans le temps. Visualisez des métriques comme les tendances de score de satisfaction ou les améliorations du taux de résolution après déploiement.

Enfin, mettez en place une boucle de développement pilotée par le feedback : relancez les tests après chaque mise à jour, analysez les logs pour détecter les problèmes et ajustez les modèles en fonction de l'usage réel. Ce processus itératif garantit que votre chatbot devient progressivement plus précis, facile à utiliser et adaptable (SmythOS, 2024 ; Botable Blog, 2025).

Mettre en valeur votre travail : présenter votre projet de chatbot de façon professionnelle

Effective documentation can transform your chatbot into a polished portfolio piece. Begin with a clear and informative README.md file: Une documentation efficace peut transformer votre chatbot en une pièce de portfolio soignée. Commencez par un fichier `README.md` clair et informatif :

1. **`Présentation du projet`** : Expliquez ce que fait votre chatbot et son objectif.
   « Ce chatbot d'assistance client basé sur l'IA répond aux FAQ et redirige les requêtes complexes vers des agents humains, réduisant ainsi le temps de réponse et améliorant la satisfaction. »

2. **`Fonctionnalités clés`** : Listez clairement les capacités :

- Reconnaissance des intentions
- Support des conversations multi-tours
- Réponses contextuelles
- Intégration d'API pour l'escalade

3. **`Instructions d'installation :`**

```
git clone https://github.com/yourusername/chatbot-wizard.git
cd chatbot-wizard
python3 -m venv env && source env/bin/activate
pip install -r requirements.txt
```

4. Configuration :

- Ajoutez votre clé API OpenAI dans `.env`
- Version de Python requise : 3.8+
- OS compatibles : Linux, macOS, Windows

5. Utilisation :

```
python main.py
```

6. Stack technique :

- Frameworks: FastAPI, Flask, React
- Bases de données : PostgreSQL, SQLite
- Intégrations : OpenAI API, Slack, Twilio

7. Défis et solutions :

- « Gestion des requêtes ambiguës grâce à des intentions de repli. »
- « Réduction de la latence via le prétraitement des entrées et le déploiement cloud. »

8. Démonstrations visuelles :

- Ajoutez un screencast (2–3 minutes)
- Incluez des GIFs animés pour des fonctionnalités comme le suivi de commande ou la gestion des erreurs

9. Mesures de sécurité :

- Tokens API via variables d'environnement
- Assainissement des entrées

- o Journalisation des échecs d'authentification

10. Axes de croissance :

- Ajouter la détection des sentiments
- Étendre au support multilingue

11. Structure du dépôt :

```
├── README.md
├── LICENSE
├── src/
│   ├── chatbot.py
│   ├── utils.py
├── tests/
│   └── test_chatbot.py
├── docs/
│   └── user_guide.md
├── deploy/
│   └── Dockerfile
```

Utilisez des branches claires : `main` (stable), `dev` (active), `feature/*`. Employez des commits descriptifs et liez-les aux issues.

Enfin, assurez-vous que chaque fonction possède un docstring, que les fichiers principaux comportent des en-têtes, et que la licence soit définie. Ce niveau de professionnalisme démontre une préparation à la production et de bonnes pratiques de développement (How to Contribute to Open-Source Projects, 2023 ; Interactive Programs, 2020).

Rassembler tous les éléments

Maintenant que vous avez appris les principes essentiels de la conception de chatbots, mis en place un environnement de développement sûr et efficace, suivi des étapes de codage détaillées et exploré les techniques de test, d'expansion et de présentation professionnelle, vous êtes désormais prêt à créer des chatbots d'IA à la fois fonctionnels et évolutifs.

Cette base vous permet de concevoir des solutions centrées sur l'utilisateur, capables de relever des défis concrets tout en restant fiables et adaptables.

À l'avenir, vous pourrez appliquer ces compétences pour développer des chatbots plus sophistiqués, intégrer des fonctionnalités avancées et améliorer continuellement vos projets grâce aux retours des utilisateurs et à l'évolution des technologies, vous positionnant ainsi avec assurance comme un ingénieur ou développeur IA compétent dans ce domaine dynamique.

Chapitre 5
Approfondir : le fine-tuning des modèles d'IA avec HuggingFace

Les modèles d'intelligence artificielle sont souvent préentraînés sur de vastes jeux de données conçus pour traiter un large éventail de tâches. Bien que ces modèles fondamentaux constituent un point de départ puissant, ils peuvent montrer leurs limites lorsqu'ils sont appliqués à des problèmes spécialisés ou propres à un domaine. Une IA générique risque de manquer les nuances subtiles du jargon technique, des termes spécifiques à un secteur ou du langage réglementaire, ce qui réduit sa précision et son utilité dans des contextes réels. Cette lacune représente un défi pour les organisations qui recherchent des solutions adaptées à leurs données et à leurs flux de travail uniques.

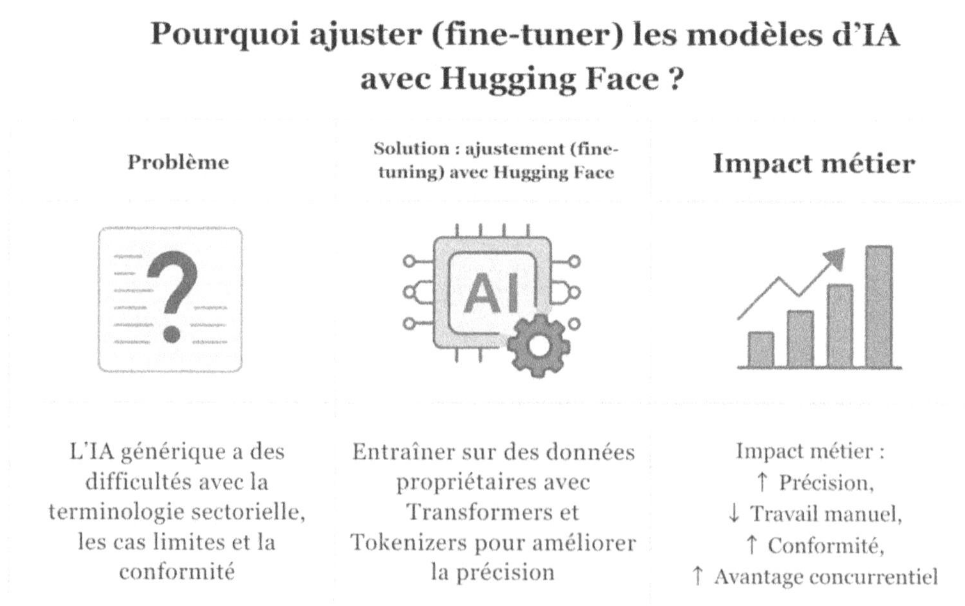

Ce chapitre vous guide à travers le processus de fine-tuning des modèles d'IA en utilisant les outils HuggingFace afin de surmonter ces limitations. Il commence par la mise en place des bases : sélection de jeux de données appropriés, configuration des bibliothèques et préparation des notebooks pour créer un environnement de développement efficace. Il aborde ensuite les techniques pratiques d'entraînement, incluant le choix des modèles préentraînés, la configuration des hyperparamètres ainsi que la gestion de la tokenisation et du partitionnement des jeux de données. Le chapitre couvre également les méthodes d'évaluation et d'amélioration des modèles à l'aide de métriques, de la validation croisée et de l'analyse des erreurs. Enfin, il met l'accent sur les bonnes pratiques en matière de documentation et de partage des modèles ajustés, garantissant la reproductibilité et la collaboration.
Ensemble, ces étapes forment un chemin clair et pratique vers la construction de solutions d'IA personnalisées, étroitement alignées sur des besoins métier spécifiques et des exigences techniques claires.

Pourquoi le fine-tuning? Une IA ciblée et réellement efficace

L'adoption de l'IA en entreprise se heurte souvent aux limites des modèles de langage préentraînés à usage général. Prenons l'exemple de la classification de textes dans les dossiers médicaux ou les documents de conformité : les modèles standards affichent des performances médiocres sur les cas limites en raison de leur manque de maîtrise du vocabulaire spécialisé, des abréviations ou des nuances réglementaires. Les modèles génériques interprètent mal le jargon clinique ou les structures documentaires spécifiques, entraînant des erreurs ou des classifications peu fiables. Dans le secteur financier, les e-mails de clients contenant des formulations propres à une institution ou faisant référence à des produits de niche sortent souvent de la distribution d'entraînement habituelle, ce qui réduit la précision et impose une vérification manuelle coûteuse. Les indicateurs du secteur montrent que, si un modèle fondation non modifié atteint environ 80 % de précision sur des textes spécialisés, un fine-tuning avec des données de domaine peut faire grimper les performances à plus de 93 % dans des cas complexes — soit un gain d'environ 16 % là où la précision est cruciale (AI Fine Tuned Models Strategy, 2025).

Le fine-tuning répond à ces problèmes en réentraînant les poids du modèle sur des jeux de données propriétaires qui reflètent les spécificités linguistiques, les processus opérationnels et les contextes réglementaires d'une organisation. Par exemple, l'adaptation de la reconnaissance d'entités nommées pour un assureur permet au modèle d'identifier correctement les identifiants de police propres à l'entreprise, les processus de sinistres ou des clauses spécialisées. En traduction technique, l'intégration de glossaires de domaine et de conventions de formatage réduit les erreurs d'interprétation et limite le travail de post-édition coûteux. La bibliothèque HuggingFace Transformers, avec son Trainer API et son intégration de datasets, permet aux développeurs de structurer les scénarios limites comme des exemples supervisés, améliorant systématiquement le comportement du modèle sur des entrées auparavant problématiques.

Un autre avantage crucial réside dans le contrôle et la propriété des données d'entraînement. En exploitant leurs actifs informationnels — lexiques métiers uniques, historiques clients, enregistrements de processus confidentiels — les entreprises influencent directement les sorties et les comportements du modèle. Contrairement aux modèles hébergés sur des API fermées, qui masquent les données à l'origine des prédictions, une approche ajustée garantit une transparence et une traçabilité totales à chaque étape (Kerner, 2025). Cette autonomie sur les données s'étend à la conformité et à la gouvernance : les modèles ajustés peuvent être validés et audités pour répondre aux normes internes ou réglementaires, comme le RGPD ou l'HIPAA, en contrôlant à la fois le dataset et la chaîne d'entraînement. Les entreprises rencontrent souvent des langages spécifiques : ainsi, une banque emploie des termes comme « AML review » ou « attestation SOX », tandis qu'un distributeur encode des SKU et des instructions logistiques. HuggingFace Datasets et Tokenizers permettent d'ingérer et de traiter ces patterns linguistiques, alignant vocabulaire et fenêtres de contexte du modèle sur la réalité métier. Le résultat : une précision accrue des tâches et des prédictions directement exploitables dans les workflows propriétaires.

Sur le plan opérationnel, les modèles ajustés apportent des gains mesurables lors du déploiement. Les cycles typiques de fine-tuning — du nettoyage des données à la mise en production sur HuggingFace Hub — s'accomplissent en quelques semaines plutôt qu'en plusieurs mois pour des déploiements standardisés (AI Fine Tuned Models Strategy, 2025). La charge de post-traitement diminue fortement puisque les sorties sont déjà adaptées au style rédactionnel, au langage réglementaire ou au formatage des processus. Par exemple, des modèles personnalisés d'analyse de sentiments peuvent pré-étiqueter les cas d'escalade avec une terminologie uniforme, supprimant ainsi les étapes de mapping en aval. Traités avec les données de l'entreprise, ces modèles peuvent soutenir une prise de décision autonome, comme l'auto-triage des tickets de support client ou le routage des alertes de conformité, à grande échelle et avec une intervention humaine minimale. Un client multinational a vu son taux de violation des SLA chuter de 35 % lorsque des modèles ajustés ont remplacé des outils génériques d'analyse de sentiments dans le triage des tickets en première ligne, illustrant à la fois un temps de déploiement réduit et une baisse des coûts d'audit manuel. Ces gains sont renforcés par la capacité à maintenir des mises à jour rapides du modèle : le fine-tuning permet une amélioration itérative contrôlée à mesure que de nouveaux langages ou processus apparaissent.

Le point culminant de ces avantages est une différenciation durable sur le marché et un retour sur investissement accru. Les modèles ajustés deviennent des actifs numériques propriétaires : leurs capacités ne peuvent être ni achetées ni copiées simplement par des concurrents, car elles reposent sur les données et processus uniques de l'entreprise (AI Fine Tuned Models Strategy, 2025). Dans les secteurs B2B compétitifs, une société de logistique qui exploite un modèle de prévision ajusté sur des décennies de données d'expédition propriétaires peut offrir des ETA (estimated time of arrival, heures estimées d'arrivée) plus fines, plus fiables et plus précises que ses rivaux utilisant des analyses standards. Des études comparatives montrent que de tels modèles réduisent les retards opérationnels de 12 à 20 % par rapport aux prévisions de base. Dans les environnements réglementés, un contrôle démontrable des sorties de l'IA — rendu possible par le fine-tuning et documenté via des outils comme les Model Cards de HuggingFace — facilite à la fois la défendabilité juridique et la certification externe. Le retour sur investissement se manifeste autant dans les améliorations de processus que dans la croissance du chiffre d'affaires : les organisations attirent de nouveaux clients en démontrant des systèmes d'IA précisément adaptés aux besoins sectoriels, et des tableaux de bord quantifient les gains liés à l'amélioration des taux de résolution ou à la réduction des exceptions de conformité (Kerner, 2025).

En définitive, le déploiement stratégique de modèles ajustés constitue une plateforme évolutive pour l'innovation, permettant aux organisations d'encoder leur expertise la plus précieuse dans des produits numériques flexibles et pérennes.

Fondations du projet : données, bibliothèques et notebooks Jupyter (notebook Jupyter)

La sélection du bon jeu de données est la première étape cruciale lors de la préparation de le fine-tuning d'un modèle avec HuggingFace Transformers. Les jeux de données idéaux doivent correspondre étroitement à la tâche en aval que vous cherchez à résoudre, tant sur le contenu que sur la structure. Évaluez les jeux de données en vérifiant la clarté des étiquettes, la cohérence du formatage, la diversité des données et une taille suffisante pour éviter le surapprentissage ou le sous-apprentissage.
Par exemple, un projet de classification de sentiments devrait utiliser des jeux de données où chaque enregistrement inclut un texte et une étiquette de sentiment, structurés sous forme d'objets JSON, de lignes CSV ou de dictionnaires Python. Les jeux de données HuggingFace comme GLUE ou IMDb reviews suivent généralement ce schéma, en organisant les données avec des champs tels que "text", "label", et parfois des métadonnées comme "id". Évitez les jeux de données comportant un étiquetage incohérent, trop de valeurs manquantes ou un échantillonnage de mauvaise qualité, car ces défauts peuvent introduire des biais ou réduire les performances du modèle (Schmid, 2020). Inspectez toujours un échantillon avant de poursuivre :

```
from datasets import load_dataset


dataset = load_dataset("imdb")
print(dataset["train"][0])
```

Sortie attendue :

```
{'text': "I rented I AM CURIOUS-YELLOW from my video story...",
'label': 0}
```

Un rapide aperçu des données permet d'éviter des surprises plus tard dans le pipeline et garantit que le jeu de données correspond bien à l'usage prévu.

Travailler efficacement avec des notebooks Jupyter accélère l'itération et organise visuellement votre projet de fine-tuning. Commencez par créer un répertoire dédié, en regroupant checkpoints (points de contrôle), scripts et résultats. Pensez à utiliser les extensions Jupyter *Table of Contents* pour naviguer facilement et *Variable Inspector* pour surveiller l'utilisation mémoire et l'état des variables. Personnalisez les paramètres du notebook pour gagner en productivité : activez l'autocomplétion, changez de thème et configurez des raccourcis pour exécuter les cellules rapidement. Organisez vos notebooks en sections : configuration, exploration des données, prétraitement, entraînement et visualisation des résultats. Chaque section doit contenir des en-têtes markdown concis et des cellules de code, afin de faciliter la relecture et le partage. Redémarrez toujours le noyau d'exécution (runtime) après une mise à jour importante des bibliothèques pour éviter les conflits de dépendances (huggingface, 2020).

Importer les bonnes bibliothèques est essentiel pour réussir le fine-tuning. Vérifiez que vos packages clés — `transformers`, `datasets`, and `torch` — correspondent bien aux versions testées pour vos exemples choisis. La gestion des versions est indispensable pour la compatibilité, donc installez avec des numéros de version explicites :

```
!pip install torch
!pip install "transformers==4.25.1" datasets --upgrade
```

Une fois installés, importez les bibliothèques principales et confirmez leurs versions :

```
import torch
import transformers
import datasets
```

```
print(torch.__version__)
print(transformers.__version__)
print(datasets.__version__)
```

Sortie attendue :

```
1.13.1
4.25.1
2.3.2
```

Initialisez ensuite les composants HuggingFace nécessaires, comme un tokenizer pré-entraîné et une architecture de modèle :

```
from transformers import AutoTokenizer,
AutoModelForSequenceClassification

tokenizer = AutoTokenizer.from_pretrained("bert-base-uncased")
model = AutoModelForSequenceClassification.from_pretrained("bert-base-
uncased", num_labels=2)
```

Vérifier les imports et l'initialisation des composants à ce stade permet d'éviter des interruptions de code lors de l'entraînement.

Le prétraitement des données transforme vos exemples bruts en un format adapté à l'entrée d'un modèle. Commencez par inspecter les doublons ou les valeurs manquantes. Nettoyez les textes en supprimant les espaces superflus et les symboles indésirables avec une fonction simple :

```
def clean_text(text):
    return text.strip().replace('\n', ' ')

dataset = dataset.map(lambda x: {"text": clean_text(x["text"])})
```

Une partition correcte des données garantit une évaluation impartiale du modèle. Utilisez les utilitaires de split de HuggingFace pour diviser en ensembles d'entraînement, de validation et de test :

```
split_dataset = dataset["train"].train_test_split(test_size=0.2)
train_ds = split_dataset["train"]
val_ds = split_dataset["test"]

print(f"Train: {len(train_ds)} | Validation: {len(val_ds)}")
```

Sortie attendue :

```
Train: 20000 | Validation: 5000
```

La tokenisation prépare le texte pour l'entrée dans les réseaux de type transformer, en accord avec le modèle choisi sur le Hub HuggingFace. Appliquez une tokenisation par lot et tronquez ou complétez pour obtenir des tenseurs de forme uniforme :

```
def tokenize_function(examples):
    return tokenizer(examples["text"], padding="max_length",
truncation=True, max_length=128)

tokenized_datasets = train_ds.map(tokenize_function, batched=True)
```

Vérifiez une entrée traitée pour confirmer la préparation :

```
print(tokenized_datasets[0].keys()) # Output: dict_keys(['text',
'label', 'input_ids', 'attention_mask'])
```

Cette séquence d'étapes fondamentales construit un environnement cohérent, permettant une transition fluide vers la configuration du modèle et l'entraînement itératif. L'attention portée à ces détails prépare un développement pratique efficace et minimise les interruptions techniques lors des phases plus avancées d'ajustement fin (Schmid, 2020 ; huggingface, 2020).

Guide étape par étape : le fine-tuning avec HuggingFace

Le choix du modèle pré-entraîné approprié est la première décision à prendre lorsque l'on commence un fine-tuning. Pour une tâche de classification de texte orientée client, on peut envisager des modèles *instruction-tuned* comme *meta-llama/Llama-3-8b-instruct* pour un équilibre entre vitesse et précision, ou des modèles plus petits si les ressources sont limitées (Rao, 2025). Commencez par définir le modèle de base et charger ses poids ainsi que son tokenizer :

```
from transformers import AutoModelForSequenceClassification,
AutoTokenizer

model_name = "distilbert-base-uncased" # Swap for models like "meta-
llama/Llama-3-8b-instruct" as needed

tokenizer = AutoTokenizer.from_pretrained(model_name)
```

```
model = AutoModelForSequenceClassification.from_pretrained(model_name,
num_labels=2)
```

Sortie attendue :

```
Downloading: distilbert-base-uncased... Some weights of the model were
not initialized.
```

Ici, vous chargez à la fois les poids de l'architecture et le tokenizer. Indiquez num_labels pour votre tâche de classification. Remplacez le nom du modèle en fonction de votre cas d'usage et de votre matériel, en vous référant au Hub de modèles de Hugging Face si nécessaire (Resources for Using Hugging Face with Amazon SageMaker AI - Amazon SageMaker AI, 2025).

Le réglage des hyperparamètres a un impact direct sur la convergence du modèle et sur l'utilisation des ressources. Les paramètres clés incluent learning_rate, per_device_train_batch_size, num_train_epochs et weight_decay. Ajustez soigneusement learning_rate : trop élevé, il déstabilise l'entraînement ; trop faible, il ralentit la progression :

```
from transformers import TrainingArguments

training_args = TrainingArguments(
    output_dir='./results',
    evaluation_strategy="steps",
    save_steps=500,
    learning_rate=2e-5,
    per_device_train_batch_size=16,
```

```
    per_device_eval_batch_size=32,
    num_train_epochs=3,
    weight_decay=0.01,
    logging_dir='./logs',
    logging_steps=100
)
```

Estimez les besoins en mémoire GPU en multipliant batch_size par la taille du modèle. Utilisez le *gradient checkpointing* pour économiser de la mémoire avec des modèles plus grands (Rao, 2025).

Pour tokeniser un dataset CSV contenant des textes de support client et leurs labels :

```
from datasets import load_dataset

raw_datasets = load_dataset('csv', data_files={'train': 'train.csv',
'test': 'test.csv'})

def preprocess_function(examples):
    return tokenizer(examples['text'], truncation=True,
padding='max_length', max_length=128)

tokenized_datasets = raw_datasets.map(preprocess_function,
batched=True)
```

Attention aux erreurs de tokenisation : assurez-vous que max_length est adapté à votre domaine. La fonction map applique la transformation en lots pour plus d'efficacité.

Configurez ensuite le Trainer avec arrêt anticipé (*early stopping*) et sauvegarde des checkpoints :

```
from transformers import Trainer, EarlyStoppingCallback

trainer = Trainer(
    model=model,
    args=training_args,
    train_dataset=tokenized_datasets['train'],
    eval_dataset=tokenized_datasets['test'],
    callbacks=[EarlyStoppingCallback(early_stopping_patience=3)]
)
```

Reprenez l'entraînement à partir des checkpoints si nécessaire, et fixez toujours les graines aléatoires (*random seeds*) pour assurer la reproductibilité.

Pour un suivi en temps réel et des journaux reproductibles, intégrez MLflow :

```
import mlflow
from transformers.integrations import MLflowCallback

mlflow.set_tracking_uri('file:./mlruns/')
mlflow.set_experiment('text-classification')
trainer.add_callback(MLflowCallback(mlflow))
```

Une fois l'entraînement lancé, MLflow affiche les courbes d'apprentissage et enregistre les artefacts. *Weights & Biases* ou *TensorBoard* peuvent être utilisés en alternative selon l'infrastructure.

Après l'entraînement, sauvegardez le modèle et le tokenizer :

```
trainer.save_model('./exported-model')
tokenizer.save_pretrained('./exported-model')
```

Exportez toujours le tokenizer : des incompatibilités entre modèle et tokenizer causent fréquemment des erreurs d'inférence. Rechargez-les pour l'inférence :

```
from transformers import pipeline, AutoModelForSequenceClassification,
AutoTokenizer

inference_model =
AutoModelForSequenceClassification.from_pretrained('./exported-model')
inference_tokenizer = AutoTokenizer.from_pretrained('./exported-
model')

classifier = pipeline("text-classification", model=inference_model,
tokenizer=inference_tokenizer)
```

Sortie attendue pour une entrée :

```
[{'label': 'LABEL_0', 'score': 0.987}]
```

Vérifiez toujours la compatibilité entre modèle et tokenizer pour éviter les échecs silencieux.

Sauvegardez également les arguments d'entraînement et les métadonnées pour garantir la reproductibilité. Utilisez les répertoires de checkpoints pour stocker poids et configurations, et intégrez-les à un stockage cloud ou aux registres SageMaker pour la distribution (Resources for Using Hugging Face with Amazon SageMaker AI - Amazon SageMaker AI, 2025).

Enfin, évaluez les performances sur des jeux de test séparés avec les métriques appropriées, et envisagez des stratégies de validation croisée pour garantir la robustesse lors du déploiement en production.

Validation et amélioration de votre modèle

Métriques d'évaluation pour l'évaluation du modèle

Évaluer l'efficacité de votre modèle commence par le choix des bonnes métriques. En classification, *accuracy*, *précision*, *recall* et *score F1* sont fondamentales. *Accuracy* correspond à la proportion de prédictions correctes sur l'ensemble des prédictions. Elle est facile à interpréter mais peut masquer de mauvaises performances sur des jeux de données déséquilibrés. Exemple : un détecteur de spam. Si seulement 5 % des e-mails sont des spams, un modèle qui prédit toujours « non-spam » obtiendra 95 % d'*accuracy* mais sera inutile. *Précision* mesure la proportion d'éléments sélectionnés qui sont réellement pertinents. En diagnostic médical, une haute précision garantit peu de faux positifs. *Recall* met en avant la proportion de vrais positifs trouvés par rapport à tous les cas réellement positifs, ce qui est critique dans des contextes sensibles à la sécurité — comme identifier tous les patients atteints d'une maladie. Le *score F1* équilibre précision et rappel, utile lorsqu'il faut une mesure unique qui pénalise les valeurs extrêmes dans l'une ou l'autre métrique (Srivastava, 2019).

Avec les bibliothèques *datasets* et *evaluate* de HuggingFace, il est simple de calculer ces métriques. Supposons que vous ayez les sorties du modèle `preds` et les labels de référence `labels`:

```
from evaluate import load

accuracy = load("accuracy")
precision = load("precision")
recall = load("recall")
f1 = load("f1")

acc = accuracy.compute(predictions=preds, references=labels)
prec = precision.compute(predictions=preds, references=labels)
rec = recall.compute(predictions=preds, references=labels)
f1_score = f1.compute(predictions=preds, references=labels)
```

Choisissez les métriques adaptées à votre contexte. Utilisez *accuracy* pour les problèmes multi-classes équilibrés, *précision* dans les domaines où la réduction des faux positifs est prioritaire, *recall* lorsqu'il est vital d'identifier tous les cas positifs, et *F1* lorsque vous avez besoin d'un équilibre.

Techniques de validation croisée

Une validation fiable va au-delà de simples séparations *train/test*. La validation croisée garantit que le modèle généralisera à des données non vues en alternant les partitions d'entraînement et de test. En *k-fold cross-validation*, on divise les données en *k* sous-ensembles égaux. À chaque itération, un sous-ensemble sert de validation et les autres d'entraînement, en faisant tourner tous les folds. Ainsi, chaque donnée est testée exactement une fois et le modèle est entraîné sur l'ensemble du dataset au fil des itérations, ce qui réduit le biais et la variance par rapport à un simple échantillon de test (GeeksforGeeks, 2017).

Par exemple, avec une validation croisée à 5 folds, le dataset est divisé en cinq parties. Le modèle s'entraîne d'abord sur quatre et se teste sur la cinquième ; le processus se répète en changeant le fold utilisé pour la validation. La métrique rapportée est la performance moyenne sur l'ensemble des folds. Illustration numérique : pour un dataset de 1000 échantillons avec 5 folds, chaque fold contient 200 instances. Chaque modèle reçoit 800 échantillons pour l'entraînement et 200 pour le test, en faisant tourner toutes les données.

Mise en œuvre de k-fold avec les datasets HuggingFace :

```
from datasets import load_dataset
import numpy as np

dataset = load_dataset('your_dataset')
n_folds = 5
indices = np.arange(len(dataset['train']))
fold_size = len(indices) // n_folds
folds = [indices[i*fold_size:(i+1)*fold_size] for i in range(n_folds)]
results = []

for fold in range(n_folds):
  val_idx = folds[fold]
```

```
    train_idx = np.hstack([folds[i] for i in range(n_folds) if i != fold])

    train_subset = dataset['train'].select(train_idx.tolist())
    val_subset = dataset['train'].select(val_idx.tolist())

    # Initialize model and training here ...
    # Append evaluation metrics on val_subset to results

# Compute average score across folds
```

Interprétez la validation croisée en analysant non seulement la moyenne des performances, mais aussi la stabilité (*écart-type*) entre les folds, ce qui permet de révéler un éventuel surapprentissage (*overfitting*) ou un apprentissage instable (Srivastava, 2019 ; GeeksforGeeks, 2017).

Méthodes d'analyse des erreurs

Après avoir calculé les métriques, analyser les raisons derrière les erreurs de prédiction permet d'apporter des améliorations significatives. Commencez par collecter les exemples mal classés, par exemple en filtrant les cas où `preds ≠ labels`. Ensuite, catégorisez les erreurs : les faux positifs se regroupent-ils autour de certaines classes rares ? Le modèle échoue-t-il sur des longueurs de texte spécifiques ou sur certains thèmes ?

```
import pandas as pd

df = pd.DataFrame({'pred': preds, 'label': labels, 'input': input_texts})
errors = df[df['pred'] != df['label']]
```

Détecter des motifs récurrents de mauvaise classification révèle des problèmes systémiques, tels qu'une mauvaise gestion du langage ambigu, des déséquilibres de classes ou des données atypiques. En NLP, l'utilisation des outils de visualisation de *huggingface_hub* peut mettre en évidence ces motifs (par ex. matrices de confusion ou cartes thermiques) regroupés par label ou caractéristiques d'entrée. Traiter ces problèmes — par exemple en augmentant les données, en rééquilibrant les classes ou en affinant le prétraitement — permet souvent de corriger des catégories entières d'erreurs.

Amélioration itérative du modèle

L'amélioration des performances d'un modèle est un processus continu, guidé par les données. Commencez par établir une *baseline* et enregistrez toutes les métriques actuelles ainsi que les catégories d'erreurs. En fonction des motifs d'échec observés, hiérarchisez les correctifs : ajustement des hyperparamètres, *feature engineering (ingénierie des caractéristiques)*, ou encore meilleure curation des données.

Mettez en place un workflow versionné : après chaque modification (nouveaux paramètres de perte, nouvelles données d'augmentation, etc.), relancez votre pipeline d'évaluation et consignez les résultats. Pour les hyperparamètres, des outils comme l'intégration d'Optuna dans HuggingFace permettent d'automatiser les recherches :

```
from transformers import TrainingArguments, Trainer

training_args = TrainingArguments(...)
model = ... # Initialize model
trainer = Trainer(model=model, args=training_args, train_dataset=...,
eval_dataset=...)

# Use Trainer.hyperparameter_search for tuning
```

En comparant les résultats avant et après sur les mêmes ensembles de validation/données, vous verrez si les modifications ont réellement eu un effet (GeeksforGeeks, 2017 ; Srivastava, 2019). Ce suivi rend également la documentation finale et le partage transparents, afin que les collaborateurs comprennent comment et pourquoi les décisions du modèle ont été prises et puissent s'appuyer de manière fiable sur vos améliorations.

Documenter et partager les résultats du fine-tuning

Un modèle d'IA bien documenté et facile à explorer ne met pas seulement en valeur le travail accompli lors du fine-tuning, il favorise aussi une adoption responsable au sein de la communauté. Les model cards constituent l'épine dorsale de ce processus : elles offrent une vue détaillée de la structure du modèle, de son usage prévu, de ses performances et de ses éventuelles limites. Une model card complète Hugging Face doit commencer par des informations concises sur le modèle : inclure l'architecture (par exemple : « BERT base, uncased, transformeur à 12 couches »), la date de publication, la version et le type de licence. Mentionner les responsables et les contacts permet aux autres de savoir à qui s'adresser pour des questions ou des contributions.

Les métriques de performance sont centrales : indiquez-les clairement et précisez le contexte.
Exemple : « Ce modèle a atteint un F1-score de 0,89 sur l'ensemble de test IMDB pour la classification de sentiments, en utilisant le script d'évaluation fourni. »

Décrivez les sources de données d'entraînement avec le plus de précision possible, comme : « Entraîné sur 100 000 critiques de films IMDb équilibrées entre sentiment positif et négatif. »

Incluez les étapes de prétraitement qui impactent la reproductibilité ou l'équité.
N'oubliez pas de signaler les limites connues :

« La précision chute de 8 % sur les critiques de moins de 20 mots ou contenant du texte non anglais. »

Une telle transparence aide les futurs utilisateurs à employer le modèle avec les bonnes attentes.

Les consignes d'utilisation permettent de garder l'utilisateur sur la bonne voie. Rédigez des instructions claires :
« Pour utiliser ce modèle avec la bibliothèque Transformers, exécutez :
model = AutoModelForSequenceClassification.from_pretrained('username/finetuned-bert-imdb') »

Ajoutez des avertissements sur le périmètre :
« Non destiné à l'analyse de sentiments en dehors du domaine cinématographique. »

Dans la section sur les considérations éthiques, reconnaissez les risques : par exemple, « Risque potentiel de biais en faveur des genres cinématographiques populaires ; mesures d'atténuation mises en place : échantillonnage stratifié et évaluation par sous-groupes » (Bhat et al., 2023).

Une model card efficace est structurée, spécifique et rédigée pour un large public technique. Utilisez un langage clair, des puces et des extraits de code pour plus de lisibilité. Comparez « Données d'entraînement : 80 % MovieLens, 20 % Rotten Tomatoes, mélangées et tokenisées » avec un vague « Entraîné sur divers jeux de données. »
Lorsque vous présentez des métriques, indiquez comment elles ont été calculées : « Précision calculée selon les directives IMDb, script complet fourni ci-dessous. » Cette transparence évite la confusion et renforce la confiance (Bhat et al., 2023).

Un dépôt de code professionnel accompagne le modèle avec tout ce qui est nécessaire pour que d'autres puissent le reproduire, l'adapter ou l'étendre. Commencez par une structure de dossiers claire, comme :

```
/model
    /src
        train.py
        eval.py
    /config
        config.yaml
    /data
        README.md
    /notebooks
        example_finetuning.ipynb
requirements.txt
README.md
LICENSE
```

Le fichier `README.md` doit résumer le modèle, citer les jeux de données et expliquer brièvement l'installation et l'utilisation. Exemple :

« Clonez ce dépôt, installez les dépendances depuis requirements.txt et exécutez `python src/train.py --config config/config.yaml`. »

Incluez les versions exactes des packages pour éviter les problèmes de compatibilité. Les fichiers de licence clarifient les droits d'utilisation, tandis qu'une section ou un fichier dédié à la confidentialité des données montre le respect des utilisateurs : « Toutes les données d'entraînement étaient disponibles publiquement. Aucune donnée personnelle identifiable n'a été stockée » (Bhat et al., 2023).

Proposez un exemple de sortie — « Après configuration, attendez-vous à une précision de test proche de 88 % » — et signalez les éventuels problèmes liés à l'environnement ou au matériel, comme la taille de GPU requise. Listez les scripts optionnels ou notebooks Jupyter pour faciliter l'exploration.

Les visualisations de performance transforment les résultats techniques en informations compréhensibles. Commencez par des bases comme les matrices de confusion pour les tâches de classification, produites avec des bibliothèques telles que scikit-learn et sa fonction plot_confusion_matrix. Les courbes ROC sont précieuses pour montrer la capacité d'un modèle à distinguer les exemples positifs et négatifs : ajoutez des seuils avec codes couleur ou annotations pour plus de clarté.

Tracer la perte d'entraînement et de validation au fil des époques donne une image claire de la convergence et du surapprentissage potentiel. Exemple simple avec matplotlib :

```
plt.plot(history['train_loss'], label='Train Loss')
plt.plot(history['val_loss'], label='Validation Loss')
plt.xlabel('Epoch')
plt.ylabel('Loss')
plt.legend()
plt.show()
```

Des tableaux de benchmarks ou des graphiques à barres comparant votre modèle à des bases de référence renforcent la crédibilité. Mettez en valeur les points forts avec des annotations, par ex. : « Le modèle surpasse la baseline de 3 points F1 sur la classe minoritaire. » Utilisez des palettes de couleurs cohérentes et privilégiez la lisibilité à un style trop chargé.

Les communautés d'IA permettent d'amplifier la portée de votre modèle. Hugging Face Hub, GitHub, Reddit (r/MachineLearning) et les serveurs Discord orientés IA sont des espaces où partager, recueillir des retours et collaborer. Dans vos publications, fournissez un résumé, les liens vers le code, une déclaration de motivation et des requêtes explicites : « Recherche de retours sur la généralisabilité ; le modèle perd-il en performance sur des données non anglophones ? » Encouragez les suggestions via des issue trackers ou des fils de discussion dédiés.

Répondez aux retours avec gratitude et actions concrètes — « Merci pour le rapport de bug ! Ajout d'un correctif pour résoudre le problème de tokenizer. » Documentez les mises à jour importantes issues des utilisateurs dans un fichier CHANGELOG.md. Mettez régulièrement à jour la model card avec de nouvelles métriques, des limites rapportées par les utilisateurs ou des mesures correctives. Ces pratiques témoignent d'un engagement réel, renforcent la confiance et transforment le projet en une ressource vivante pour la communauté IA (Bhat et al., 2023).

Rassembler tous les éléments

Maintenant que nous avons exploré l'ensemble du processus de fine-tuning des modèles d'IA avec les outils HuggingFace — depuis la préparation des données et la configuration des environnements jusqu'à l'entraînement, la validation et la documentation de modèles personnalisés — vous êtes désormais en mesure de développer des solutions ciblées qui répondent aux besoins réels. Cette base vous permet de créer des systèmes d'IA capables de traiter un langage spécialisé, d'améliorer la précision sur des tâches critiques et d'assurer la conformité tout en gardant le contrôle sur les données. Avec ces compétences, vous pouvez progresser avec confiance, expérimenter des modèles plus complexes, intégrer des flux de travail de surveillance et de déploiement, et contribuer à vos projets ou équipes avec des actifs d'IA précieux et bien documentés. Adopter cette approche pratique établit une base solide pour développer des applications d'IA efficaces, transparentes et évolutives, prêtes à relever les défis de l'industrie.

Chapitre 6
Du notebook à l'application web : déployer l'IA avec FastAPI et Docker

« Le vrai travail commence lors du déploiement d'un modèle », m'a dit un jour mon mentor alors que nous fixions des lignes de code dans un notebook Jupyter. Au début, je n'ai pas compris. Le modèle fonctionnait parfaitement en isolation — pourquoi cela avait-il de l'importance s'il n'était pas accessible en ligne aux utilisateurs ? Avec le temps, j'ai appris que transformer un prototype en une application web opérationnelle est ce qui distingue un projet théorique d'une solution ayant un véritable impact. C'est l'étape qui prouve que l'on peut non seulement développer un algorithme, mais aussi construire des systèmes fiables et évolutifs, capables de résoudre des problèmes concrets dans des conditions imprévisibles.

Le déploiement met en lumière des défis qu'aucun notebook ne met en évidence : gérer des données désordonnées, répondre aux exigences de mise à l'échelle, surveiller les performances, et maintenir la sécurité et la disponibilité des systèmes. Pour les futurs ingénieurs en IA et les développeurs en transition vers ce domaine, maîtriser le déploiement est essentiel, car cela comble l'écart entre l'expérimentation et les logiciels réellement prêts pour la production.

Ce chapitre vous accompagne dans ce parcours crucial : encapsuler votre modèle d'IA dans un service FastAPI, le containeriser avec Docker, le lancer sur des plateformes cloud, et présenter efficacement votre projet. Comprendre ces processus vous dotera de compétences pratiques recherchées par les employeurs, vous permettant d'aller au-delà du code isolé pour livrer des applications propulsées par l'IA qui répondent aux besoins réels des utilisateurs et prospèrent dans des environnements dynamiques.

Pourquoi le déploiement est-il le facteur décisif dans une carrière en IA

Tirer une véritable valeur des projets d'intelligence artificielle demande bien plus que de concevoir des modèles en isolation. Pour les ingénieurs en IA, le vrai facteur différenciant est la capacité de transformer des prototypes en applications web déployées, fiables et accessibles aux utilisateurs réels. Dans le marché de l'emploi actuel, dominé par l'IA, avoir des applications déjà déployées rend un candidat particulièrement attractif. Les recruteurs et les leaders du secteur affirment constamment que ces projets se distinguent, car ils révèlent bien plus qu'une maîtrise de la construction de modèles : ils démontrent la discipline d'ingénierie nécessaire pour résoudre de véritables problèmes métier.

Par exemple, un prototype de modèle de langage conservé uniquement dans un notebook Jupyter démontre une curiosité technique. Mais lorsque ce même modèle est livré comme une API de production via FastAPI ou exécuté dans un conteneur Docker robuste, il devient un atout opérationnel pour l'entreprise. De nombreuses sociétés attendent désormais des ingénieurs qu'ils prouvent leur expérience en matière de déploiement. Des enquêtes récentes indiquent que près de 70 % des offres d'emploi en IA exigent une expérience dans la mise en production de solutions ML ou la création d'API pour le service de modèles (Salerno, 2024 ; 10 Software Engineering Skills Needed to Lead in the AI Economy – Quantic Blog, 2025). La différence peut décider d'obtenir un entretien… ou de se perdre dans le bruit des milliers de portfolios de notebooks.

Une fois qu'un modèle est déployé et accessible en dehors du laboratoire, son impact immédiat sur les utilisateurs finaux devient évident. Les systèmes d'IA déployés répondent à de réels besoins : mettre en relation des clients avec des produits, personnaliser des recommandations, signaler du contenu nocif ou automatiser des flux de documents. Lorsque les gens interagissent avec ces applications, la valeur peut être mesurée par des indicateurs comme le temps de réponse, la disponibilité et la satisfaction. Les boucles de feedback sont essentielles : le filtre anti-spam de Gmail, affiné grâce à des millions d'interactions utilisateurs, prouve comment l'usage réel stimule l'amélioration continue des modèles. À l'inverse, les projets confinés aux notebooks restent invisibles : ignorés par les parties prenantes, non testés en conditions réelles et incapables de générer un impact durable. Les grandes entreprises d'IA comme OpenAI et Google insistent sur le fait qu'itérer sur des produits réels, exposés à de vrais utilisateurs, est la clé du succès à long terme. Le déploiement est le seul moyen d'apprendre des performances concrètes, d'affiner les fonctionnalités et d'apporter des améliorations tangibles (Salerno, 2024).

La fiabilité est le second facteur déterminant. En phase de développement, les modèles traitent des données propres et contrôlées. Mais en usage réel, ils rencontrent des scénarios désordonnés et imprévisibles. Un backend FastAPI doit gérer des problèmes réseau, des entrées mal formées, des pics de charge et des schémas de données jamais vus durant l'entraînement. Par exemple, un système de détection de fraude peut bien fonctionner en test mais être confronté en production à des stratégies frauduleuses évolutives, des formats incohérents et des flux massifs de transactions. Survivre à ce passage — des données de laboratoire au trafic réel — légitime l'intégration d'un modèle dans une stack technologique réelle. Les ingénieurs capables de gérer des requêtes inattendues, des mises à jour logicielles, des pannes et la dérive des modèles démontrent qu'ils peuvent livrer des solutions solides. La mise en place de contrôles d'état, de tableaux de bord, d'alertes et de stratégies de repli définit aujourd'hui les équipes logicielles à fort impact (Salerno, 2024 ; Quantic Blog, 2025).

Enfin, la rapidité d'innovation distingue les meilleurs. Des pratiques comme la containerisation avec Docker et les pipelines CI/CD (par ex. GitHub Actions, Jenkins) permettent des mises en production rapides de nouvelles fonctionnalités, corrections de bugs et mises à jour de modèles. Le cycle — développer, déployer, observer, améliorer — passe de plusieurs semaines à quelques heures. Un moteur de recommandation déployé via FastAPI peut être ajusté en temps réel selon les métriques d'engagement, offrant une réactivité fine aux besoins ou tendances des utilisateurs. Dans les marchés compétitifs, la capacité d'adaptation rapide détermine qui prend l'avantage. Les pipelines de déploiement « AI-native » permettent aux équipes de dépasser les cycles traditionnels en itérant continuellement à la fois sur les modèles et leurs intégrations (Quantic Blog, 2025).

Les ingénieurs qui maîtrisent le déploiement acquièrent une vision full stack : ils relient le concept au produit, assurent la stabilité, s'adaptent au changement et livrent une innovation continue. Ce savoir-faire distingue les ingénieurs en IA les plus performants et constitue la base pour affronter des systèmes complexes et évolutifs. Le déploiement n'est pas une simple étape finale — c'est le terrain d'épreuve de l'excellence appliquée (Salerno, 2024 ; Quantic Blog, 2025).

Construire une API prête pour la production : tutoriel de codage avec FastAPI

Lorsqu'il s'agit de transformer un modèle d'IA, développé comme simple expérience dans un notebook Jupyter, en un service de niveau production, FastAPI offre une solution efficace et robuste. La base commence par la définition de points de terminaison (endpoints) exposant votre modèle comme une API REST. Commencez par importer FastAPI, créer une instance de l'application, et implémenter des routes simples en GET et POST. Par exemple, supposons que vous disposiez déjà d'un classificateur de spam entraîné, chargé sous forme de modèle. La structure de base de l'application pourrait ressembler à ceci :

```
from fastapi import FastAPI, HTTPException
from pydantic import BaseModel

app = FastAPI()

# Placeholder for your already-trained AI model
def predict_spam(text: str) -> bool:
    # Imagine this function runs your model
    return "spam" in text

class Message(BaseModel):
    text: str

@app.post("/predict")
def predict(message: Message):
    result = predict_spam(message.text)
    return {"spam": result}
```

Avec cette configuration, l'envoi d'une requête POST à `/predict` avec un JSON comme `{ "text": "Buy now" }` renverrait `{ "spam": true }`. Cette méthode respecte les conventions REST, sépare clairement les entrées du modèle des résultats, et renvoie un code de statut 200 en cas de succès. Ajoutez une gestion des erreurs pour les données mal formées ou les exceptions liées à l'inférence du modèle, en retournant des messages explicites avec les codes d'état appropriés.

Les schémas Pydantic jouent un rôle central dans la validation des données. En définissant les modèles d'entrée comme des sous-classes de *BaseModel*, on obtient une validation stricte des types et de la structure, ce qui bloque de nombreux bogues courants dès le départ. FastAPI applique automatiquement ces contraintes et reconnaît les champs facultatifs ou obligatoires. Pour un modèle de régression qui traite plusieurs caractéristiques, le schéma pourrait s'étendre :

```
class Features(BaseModel):
    age: int
    income: float
    occupation: str

@app.post("/predict-income")
def predict_income(features: Features):
    # Remplacez par une vraie prédiction du modèle
    prediction = 50000 + features.age * 100 - features.income * 0.05
    return {"predicted_income": prediction}
```

Les requêtes comportant des champs manquants, des types incorrects ou du JSON mal formé déclenchent automatiquement une réponse HTTP 422 avec des détails clairs. Il est également possible d'implémenter des règles personnalisées grâce aux validateurs de Pydantic, pour des contrôles spécifiques au domaine. Valider les entrées dès le niveau du schéma renforce l'intégrité des données, limite les erreurs d'inférence dues à des données bruitées et simplifie le débogage côté client (First Steps - FastAPI, n.d.).

Les déploiements d'IA doivent pouvoir gérer un trafic concurrent important lorsque les modèles passent en production. FastAPI prend en charge nativement les points de terminaison (endpoints) asynchrones grâce à la syntaxe `async def`, permettant à l'application de traiter plusieurs requêtes simultanément sans bloquer les threads — un facteur clé pour le service d'inférences à haut débit. Voici une adaptation de notre route POST précédente pour l'inférence asynchrone :

```
from fastapi import BackgroundTasks

@app.post("/predict-async")
async def predict_async(message: Message):
    # Assume async_model_predict is an async call to your AI model
    result = await async_model_predict(message.text)
    return {"spam": result}
```

Cette approche asynchrone est indispensable si l'inférence de votre modèle repose sur des opérations d'E/S lentes, des calculs de longue durée ou l'orchestration de plusieurs services distants (FastAPI, 2023). Pour garantir une efficacité maximale, évitez les opérations bloquantes à l'intérieur des fonctions async et utilisez uniquement des bibliothèques non bloquantes pour l'accès aux bases de données ou au réseau dans vos routes asynchrones. Les goulots d'étranglement causés par du code synchrone réduisent les gains de performance de FastAPI. Évaluez la logique de service de votre modèle pour assurer une réelle compatibilité asynchrone et testez-la à grande échelle avec des charges représentatives.

FastAPI fournit automatiquement une documentation interactive de l'API, intégrée à la spécification OpenAPI. Dès qu'une route est définie, elle apparaît dans l'interface Swagger UI accessible via /docs et dans l'alternative ReDoc à /redoc. Chaque route est documentée avec sa méthode HTTP, ses paramètres, les corps de requêtes et de réponses, les types et des exemples de payloads. Ce retour immédiat accélère le développement, car il permet aux équipes et aux clients de comprendre et de tester les endpoints sans travail de documentation supplémentaire. Tester un endpoint POST pour l'inférence d'un modèle peut se faire directement dans le navigateur, réduisant les bugs d'intégration et facilitant la collaboration entre les équipes backend, frontend et produit (First Steps - FastAPI, n.d. ; FastAPI, 2023).

En construisant une API complète pour votre solution d'IA, adoptez une structure claire séparant le chargement du modèle, la définition des endpoints et le code utilitaire réutilisable. Mettez en place des préfixes versionnés (/v1/predict, /v2/predict) afin de gérer les évolutions du modèle sans casser les intégrations existantes. Implémentez aussi des gestionnaires d'erreurs complets pour garantir des réponses prévisibles, journaliser les erreurs d'inférence et suivre les entrées anormales afin de surveiller les performances et la dérive des données.

En appliquant ces bonnes pratiques, votre application FastAPI offrira des endpoints d'inférence stables et évolutifs. Ce service RESTful pourra ensuite être conteneurisé pour assurer un déploiement résilient et reproductible, ouvrant la voie à la mise à l'échelle de modèles d'IA puissants en toute confiance (FastAPI, 2023).

Dockeriser votre application IA : Guide étape par étape de la conteneurisation

Dockerisation pratique pour les applications API d'IA

La conteneurisation d'une application IA basée sur FastAPI commence par un Dockerfile bien conçu. En partant d'une image officielle Python slim, on obtient une base sécurisée et légère. Les builds multi-étapes permettent de garder l'image finale minimale et efficace, en particulier lorsqu'on gère de grands frameworks et dépendances liés à l'IA. Voici un exemple typique de Dockerfile pour un service FastAPI d'IA, incluant le chargement et l'inférence du modèle :

```dockerfile
# Étape 1: Build
FROM python:3.11-slim as builder
WORKDIR /app

# Installer les dépendances de build
RUN apt-get update && apt-get install -y --no-install-recommends gcc

# Installer les dépendances Python
COPY requirements.txt .
RUN pip install --user --upgrade pip && \
    pip install --user -r requirements.txt

# Étape 2: Runtime
FROM python:3.11-slim
WORKDIR /app

# Copier les dépendances depuis le builder
COPY --from=builder /root/.local /root/.local

# Copier les fichiers de l'application
COPY . .

# Définir les variables d'environnement
ENV MODEL_PATH=/models/model.pt
ENV PYTHONPATH=/app

# Ajouter un point de montage pour les modèles
VOLUME ["/models"]
```

```
# Exposer le port FastAPI
EXPOSE 8000

# Lancer l'application avec Uvicorn
CMD ["sh", "-c", "PATH=$PATH:/root/.local/bin exec uvicorn main:app --
host 0.0.0.0 --port 8000"]
```

Points clés :

- L'étape *builder* installe les dépendances et permet de garder les images d'exécution légères.
- Le fichier `requirements.txt` doit répertorier FastAPI, Uvicorn et les bibliothèques d'IA comme PyTorch ou TensorFlow.
- L'instruction `VOLUME ["/models"]` permet de mettre à jour les modèles sans reconstruire l'image.

Pour construire votre image Docker :

```
docker build -t fastapi-ai-app:latest .
```

Une sortie réussie doit inclure des lignes comme :

```
Successfully built 12345abcdef
Successfully tagged fastapi-ai-app:latest
```

En cas d'erreurs (par ex. dépendances manquantes), vérifiez votre fichier requirements.txt :

```
ERROR: Could not find a version that satisfies the requirement
xyz==x.y.z
```

Exécution et test du conteneur FastAPI

Pour lancer votre conteneur et monter votre fichier modèle :

```
docker run -p 8000:8000 -v $(pwd)/models:/models -e
MODEL_PATH=/models/model.pt fastapi-ai-app:latest
```

- `-p 8000:8000` expose le port du conteneur.
- `-v $(pwd)/models:/models` mounts your local `models/` folder.
- `-e MODEL_PATH=...` permet une configuration flexible au moment de l'exécution.

Si le modèle est manquant, une erreur apparaîtra :

```
FileNotFoundError: [Errno 2] No such file or directory:
'/models/model.pt'
```

Assurez-vous que le fichier existe bien dans le chemin indiqué.

Mise en réseau des conteneurs pour le déploiement du modèle

Pour permettre la communication entre services :

```
docker network create ai-app-network

docker run --network ai-app-network -p 8000:8000 -v
$(pwd)/models:/models fastapi-ai-app:latest
```

L'utilisation de réseaux nommés permet de connecter votre API à des bases de données, des outils de monitoring ou d'autres conteneurs.

Utilisation de Docker Compose pour la gestion multi-services

Voici un exemple de `docker-compose.yml` pour une application FastAPI avec Redis :

```
version: '3.8'
services:
  api:
    image: fastapi-ai-app:latest
    build: .
    ports:
      - "8000:8000"
    environment:
      - MODEL_PATH=/models/model.pt
    volumes:
      - ./models:/models
    networks:
      - ai-app-network

  redis:
    image: redis:7-alpine
    networks:
      - ai-app-network

networks:
  ai-app-network:
    driver: bridge
```

Pour lancer tous les services :

```
docker compose up --build
```

Si les services ne parviennent pas à se résoudre, vérifiez qu'ils partagent bien le même réseau.

Bonnes pratiques pour les conteneurs IA

- Utilisez des images de base *slim* ou optimisées pour GPU (par ex. avec CUDA activé).
- Ne stockez jamais d'identifiants dans les couches de l'image — préférez les variables d'environnement.
- Exploitez les *multi-stage builds* pour obtenir des images propres.
- Montez les grands modèles via des volumes.
- Limitez l'accès réseau et les ports exposés.

Avec votre application FastAPI pour l'IA déjà conteneurisée, vous êtes prêt pour la prochaine étape : déployer dans le cloud et mettre à l'échelle l'accès à vos services basés sur les modèles (GeeksforGeeks, 2019 ; Baker, 2023).

Déploiement dans le cloud : tests locaux et mise en ligne

Avant de publier votre application IA basée sur FastAPI, des tests locaux approfondis sont indispensables pour garantir sa fiabilité et sa tolérance aux pannes.
Commencez par vérifier que votre application Dockerisée se comporte correctement à travers des tests unitaires et d'intégration. Par exemple, avec `pytest`, créez un fichier

`test_main.py`:

```
import requests


def test_predict():
```

```
    url = "http://localhost:8000/predict"
    sample_input = {"text": "hello world"}
    response = requests.post(url, json=sample_input)
    assert response.status_code == 200
    assert "prediction" in response.json()
```

Pour tester l'application en local :

```
docker build -t myfastapiapp .
docker run -p 8000:8000 myfastapiapp
```

Si le conteneur démarre correctement, vous verrez des logs similaires :

```
INFO:     Started server process [1]
INFO:     Application startup complete.
INFO:     Uvicorn running on http://0.0.0.0:8000
```

Configurez le logging Python pour faciliter le débogage:

```
import logging

logging.basicConfig(
    level=logging.INFO,
    format='%(asctime)s %(levelname)s %(message)s',
    handlers=[
        logging.StreamHandler()
    ]
)
```

```
logger = logging.getLogger(__name__)
logger.info("Starting FastAPI application")
```

Utilisez un format et des niveaux de logs cohérents entre l'environnement de développement et celui de production.

Tests de charge avec Locust

Pour évaluer les performances et la montée en charge, installez Locust et définissez un test de charge simple :

```
from locust import HttpUser, task

class FastApiUser(HttpUser):
    @task
    def predict(self):
        self.client.post("/predict", json={"text": "load test"})
```

Exécutez le test avec :

```
locust -f locustfile.py --host=http://localhost:8000
```

Sur l'interface web de Locust, surveillez les temps de réponse et les erreurs. Testez avec différentes entrées et cas limites pour identifier les goulots d'étranglement de performance.

Utilisez des blocs try-except pour gérer les erreurs d'inférence sans exposer les détails internes :

```python
from fastapi import HTTPException

@app.post("/predict")
async def predict_endpoint(data: InputDataModel):
    try:
        prediction = model.predict(data.text)
        return {"prediction": prediction}
    except Exception as e:
        logger.error(f"Prediction error: {e}")
        raise HTTPException(status_code=500, detail="Prediction
failed.")
```

Publication dans le cloud

Une fois les tests terminés, poussez votre image Docker vers un registre comme Docker Hub ou Amazon ECR :

```
docker tag myfastapiapp mydockerusername/myfastapiapp:latest
docker push mydockerusername/myfastapiapp:latest
```

Pour AWS Elastic Beanstalk, créez un fichier Dockerrun.aws.json :

```json
{
  "AWSEBDockerrunVersion": 2,
  "containerDefinitions": [
    {
      "name": "fastapi_app",
      "image": "mydockerusername/myfastapiapp:latest",
      "essential": true,
```

```
      "portMappings": [{
        "containerPort": 8000,
        "hostPort": 8000
      }],
      "environment": [
        {"name": "API_KEY", "value": "secure-api-key-value"}
      ]
    }
  ]
}
```

Puis exécutez :

```
eb init -p docker fastapi-app
eb create fastapi-app-env
eb open fastapi-app-env
```

Déploiement sur Heroku

```
heroku container:login
heroku create fastapi-heroku-app
heroku container:push web -a fastapi-heroku-app
heroku container:release web -a fastapi-heroku-app
heroku config:set API_KEY=secure-api-key-value
```

Contrôles de santé

Utilisez un endpoint léger pour les sondes de disponibilité :

```python
@app.get("/health")
def health():
    return {"status": "ok"}
```

Vérifiez l'état du déploiement avec :

```
curl https://fastapi-heroku-app.herokuapp.com/health
```

Une réponse valide retourne :

```
{"status": "ok"}
```

Considérations de sécurité

Évitez de coder vos secrets en dur. Utilisez des variables d'environnement et des gestionnaires de secrets sécurisés. Gardez le fichier `.env` hors du système de gestion de version :

```
API_KEY=secure-api-key
```

```python
import os
api_key = os.getenv("API_KEY")
```

Authentification par clé API

```python
from fastapi import Depends, Header, HTTPException

def verify_api_key(x_api_key: str = Header(...)):
    if x_api_key != os.environ["API_KEY"]:
```

```
        raise HTTPException(status_code=401, detail="Unauthorized")

@app.post("/predict")
async def predict(data: InputDataModel, api_key: str =
Depends(verify_api_key)):
    # ...
```

Ajoutez une limitation de débit avec un middleware comme **slowapi** et restreignez l'exposition des endpoints.
Faites tourner les clés régulièrement et analysez les logs pour détecter tout comportement suspect.

Appliquez également le principe du moindre privilège via les paramètres IAM.
Mettez en place des quotas d'utilisation de l'API et des alertes pour vous protéger contre les abus ou les fuites.

Avec Docker, FastAPI et de bonnes pratiques de sécurité, votre application d'IA est prête à évoluer en toute sécurité, du développement local aux utilisateurs à l'échelle mondiale.

Project Présenter et partager votre projet déployé

Mettre en valeur efficacement votre application d'IA déployée est essentiel pour démontrer sa valeur, obtenir le soutien des parties prenantes et recueillir des retours pertinents. En combinant des démos en direct, des tutoriels vidéo, une documentation claire et des systèmes de retour intégrés, vous construisez une stratégie de présentation complète qui favorise l'adoption et stimule l'amélioration continue.

Démos en direct

Une démo bien exécutée établit un lien direct avec votre public en mettant en avant les fonctionnalités principales et les cas d'usage en temps réel. Commencez par préparer un script détaillé qui décrit les tâches clés de l'utilisateur et souligne les moments où le système d'IA excelle. Incluez des parcours pour des cas réalistes, les sorties attendues, les cas limites et la gestion élégante des erreurs.

Pour garantir la fiabilité :

- Exécutez des instances de secours sur des serveurs secondaires.
- Gardez des versions hors ligne des modèles et des données prêtes à l'emploi.
- Configurez des routes de repli dans votre interface frontend.

Améliorez l'expérience avec :

- Des mises en évidence de l'interface (via des superpositions CSS).
- Des outils d'automatisation comme Selenium ou Playwright pour simuler les étapes.
- Une journalisation détaillée pour révéler le raisonnement ou les décisions prises par le modèle.

Réduisez la latence en préchargeant les données et en utilisant le partage d'écran ou de grands écrans pour les présentations collectives. Évitez de montrer des fonctionnalités instables ou non publiées. Évaluez le succès de la démo à travers l'engagement des utilisateurs, les taux de complétion du script et les enquêtes de satisfaction.

Démonstrations vidéo

Les démonstrations vidéo permettent de partager votre projet de manière asynchrone avec des évaluateurs, des recruteurs ou des collaborateurs. Enregistrez en 1080p ou plus avec des outils comme OBS Studio ou Camtasia. Assurez-vous que le texte, les composants de l'interface et les sorties du modèle soient clairement visibles, avec un bon contraste et une lisibilité optimale.

Conseils pour un rendu professionnel :

- Utilisez un microphone à condensateur unidirectionnel à 48 kHz.
- Rédigez un script de voix-off concis et bien synchronisé.
- Supprimez les temps morts et distractions.
- Ajoutez des annotations, des accélérations et des chapitres pour plus de clarté.

Hébergez votre vidéo sur des plateformes comme YouTube et surveillez la rétention, l'engagement et les clics sur les liens. Répétez toujours la démonstration complète avant l'enregistrement final pour éviter les interruptions.

Documentation

Une documentation complète est essentielle pour l'utilisabilité et la crédibilité de votre projet. Votre README.md doit inclure :

- Un résumé du projet.
- Les instructions d'installation (avec les commandes exactes).
- Des exemples d'utilisation.
- Une section de dépannage et de FAQ.

Pour les systèmes en production, ajoutez :

- Des diagrammes d'architecture.
- Les stratégies de sauvegarde et de basculement.
- Les pratiques de sécurité.
- Des liens vers les fiches de modèle et les journaux d'audit.

Exemple d'appel API :

```
POST /api/predict
{
  "input": "Sample prompt for inference"
}
```

Maintenez vos dépendances à jour et documentez chaque modification. Mesurez l'efficacité de la documentation en suivant la réduction des tickets de support et le succès de l'onboarding des utilisateurs.

Systèmes de retour utilisateurs

Intégrez des canaux de retour directement dans votre application. Utilisez des outils comme Formik (pour React) ou intégrez des plateformes tierces comme Hotjar, Qualtrics ou Discord. Catégorisez et étiquetez les retours pour le traitement via des API, puis transférez les insights vers des plateformes de gestion de projet comme Jira ou Planview.

Construisez une boucle de retour :

- Passez en revue les retours lors des réunions d'équipe.

- Documentez les améliorations dans des notes de version.
- Suivez les délais de réponse et les taux de mise en œuvre.

Évitez d'ignorer ou de laisser les retours sans suivi. Utilisez des tableaux de bord pour surveiller les tendances et assurer aux utilisateurs que leur voix compte.

En appliquant ces bonnes pratiques, vous augmentez la qualité et le professionnalisme de la présentation de votre application d'IA — en démontrant votre maturité technique, en améliorant l'expérience utilisateur et en renforçant votre présence dans l'écosystème plus large de l'IA.

Chapitre 7
Surveillance intelligente : suivi, journalisation et amélioration avec MLflow

Imaginez déployer un modèle d'IA qui excelle en laboratoire — pour constater ensuite une chute de ses performances dans le monde réel. La précision diminue, les prédictions deviennent erratiques, et personne ne sait pourquoi. C'est là que la surveillance devient critique. Derrière chaque système d'IA performant se cache une couche d'observation continue — détectant les problèmes tôt, identifiant les tendances et guidant les améliorations itératives. Sans elle, les modèles se transforment en boîtes noires, échouant silencieusement et sapant la confiance des utilisateurs.

Ce chapitre introduit la surveillance comme un élément vital du cycle de vie de l'IA et présente MLflow comme un outil pratique pour le suivi, la journalisation et la visualisation. Vous apprendrez à intégrer MLflow dans vos flux de travail, à capturer les paramètres et mesures essentiels, et à analyser vos résultats pour en tirer des enseignements et améliorer vos modèles. Nous verrons également comment transformer ces informations de suivi en modèles plus robustes et en pipelines résilients, soutenant ainsi le développement continu et le succès opérationnel.

Pourquoi la surveillance compte : instaurer la confiance et favoriser le progrès

Les systèmes d'IA de niveau professionnel se distinguent par une surveillance robuste. Il ne s'agit pas seulement de détecter des erreurs — mais aussi d'assurer responsabilité, analyse et confiance. La surveillance poursuit quatre objectifs principaux :

- **Détection précoce des défaillances**
- **Transparence opérationnelle**
- **Amélioration guidée par les données**
- **Confiance des parties prenantes**

Détection précoce des défaillances

Les systèmes d'IA évoluent dans des environnements complexes et imprévisibles. Des problèmes mineurs peuvent rapidement dégénérer — sauf s'ils sont détectés à temps. Les cadres de surveillance servent de systèmes d'alerte précoce. Prenons l'exemple de la fabrication : des capteurs de télémétrie installés sur des robots d'usine peuvent détecter des déviations dans les schémas de vibrations, signalant ainsi de potentielles défaillances mécaniques avant qu'elles ne provoquent un arrêt de production (Anglen, 2024). Les mesures critiques à surveiller incluent :

- la latence d'inférence
- les pics d'utilisation de la mémoire
- les anomalies de prédiction
- les seuils de température du matériel

Par exemple, une plateforme logistique utilisant l'IA pour prédire les pannes d'équipements peut surveiller les taux d'erreur et les données de capteurs. Si certains seuils sont dépassés, des alertes automatisées via Slack ou email déclenchent des réponses en temps réel — suspension des déploiements ou bascule vers des systèmes de secours. Ces mesures proactives réduisent les interruptions, abaissent les coûts et protègent les opérations de l'entreprise (Anglen, 2024).

Transparence opérationnelle

Les réglementations et la gouvernance interne exigent que les décisions de l'IA soient explicables et traçables. Cela implique de conserver des journaux détaillés comprenant :

- les horodatages des exécutions du modèle
- des instantanés des données d'entrée et de sortie
- les identifiants de version du modèle
- les modifications de paramètres et les surcharges manuelles

Des journaux centralisés accélèrent le diagnostic. Prenons l'exemple d'un modèle financier qui signale à tort une transaction. Grâce aux logs traçables, les équipes peuvent immédiatement examiner les entrées, la version du modèle utilisée et le contexte de l'environnement — ce qui permet de résoudre rapidement le problème (Adelakun, 2022).

Ce niveau d'auditabilité renforce la fiabilité, en particulier dans des secteurs critiques comme la finance ou la santé. Une documentation claire de chaque étape garantit que votre système peut être fiable et vérifiable.

Amélioration guidée par les données

Les métriques de performance en temps réel aident les équipes à repérer où les modèles échouent — et où ils excellent. Suivez notamment :

- la précision, le rappel et le score F1

- les statistiques de dérive
- les tendances de latence d'inférence

Par exemple, si un modèle de détection de fraude présente davantage de faux positifs lors de volumes de transactions élevés, il peut être nécessaire de repenser les variables ou de réentraîner le modèle avec des données plus récentes (Adelakun, 2022).

La surveillance met en évidence des inefficacités cachées. Des motifs récurrents dans les erreurs consignées peuvent révéler des données d'entraînement mal étiquetées ou une faible généralisation. Avec des journaux historiques, les équipes peuvent comparer les expériences passées, revenir à des déploiements antérieurs, voire automatiser des ajustements d'hyperparamètres basés sur les performances précédentes (Anglen, 2024).

Cas d'usage typiques :

- suivi de l'importance des variables après déploiement
- observation du comportement face à de nouveaux flux de données
- intégration de métriques issues des retours utilisateurs

Cette approche systématique permet d'obtenir des améliorations objectives et mesurables tout au long de la chaîne IA.

Confiance des parties prenantes

La surveillance instaure la confiance — non seulement chez les ingénieurs, mais aussi au sein des équipes métiers et de direction. Les tableaux de bord, les journaux de conformité et les synthèses d'alertes permettent aux dirigeants d'évaluer la performance du modèle sans entrer dans les détails techniques.

Métriques clés à communiquer :

- disponibilité (uptime)

- tendances de précision
- débit de données
- taux d'incidents et d'exceptions

Des alertes personnalisées en cas de dépassement de seuils maintiennent les dirigeants informés et impliqués. Des rapports réguliers renforcent la crédibilité et montrent que l'équipe est proactive plutôt que réactive. Des discussions transparentes autour des problèmes détectés et de leurs résolutions réduisent les résistances à l'adoption de l'IA (Adelakun, 2022).

À mesure que les réglementations se renforcent, démontrer un usage responsable de l'IA devient essentiel. La surveillance n'est pas seulement une question de conformité — c'est un gage de professionnalisme.

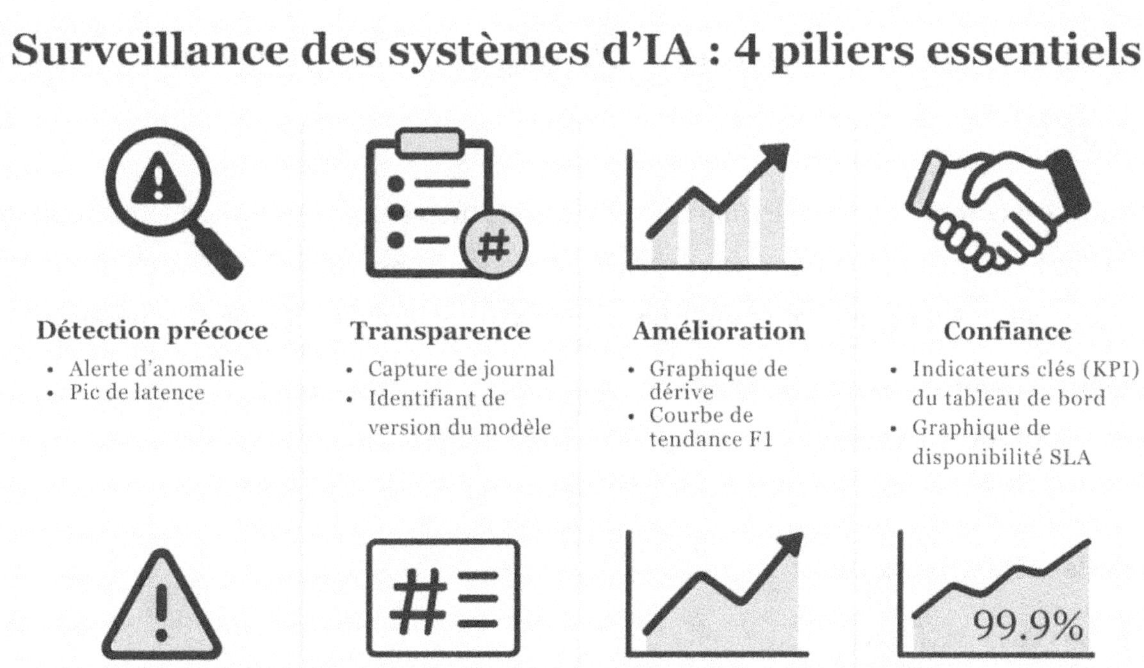

Une infrastructure de surveillance robuste marque la différence entre une IA expérimentale et des systèmes de niveau production. Elle permet :

- la détection précoce des défaillances
- une auditabilité complète du système
- une amélioration continue et mesurable
- confiance de toutes les parties prenantes

Dans la prochaine section, nous explorerons les capacités de suivi de MLflow et montrerons comment déployer cette stratégie de surveillance à grande échelle dans vos workflows — transformant l'observabilité en avantage stratégique.

Mise en route : comment configurer MLflow pour votre projet

MLflow est compatible avec Python 3.7 et versions ultérieures et s'intègre parfaitement avec des bibliothèques comme scikit-learn, XGBoost, TensorFlow et PyTorch. Pour commencer, créez et activez un environnement virtuel afin d'isoler les dépendances :

```
python -m venv .venv
source .venv/bin/activate  # On Windows use .venv\Scripts\activate
```

Installez MLflow avec pip :

```
pip install mlflow
```

Si vous utilisez scikit-learn, ajoutez :

```
pip install scikit-learn
```

En cas d'échec dû à des problèmes de compilation de wheel, mettez à jour pip ou installez les outils de build (par ex. gcc sous Linux ou Visual Studio Build Tools sous Windows)

Ensuite, organisez votre projet en ajoutant un répertoire pour stocker les métadonnées et artefacts des exécutions MLflow :

```
mkdir mlflow_runs
```

Utilisez la structure de projet suivante pour garder vos fichiers organisés :

```
project_root/
├── src/
│   └── <your_code>.py
├── mlflow_runs/
└── requirements.txt
```

Pour lancer l'interface de MLflow :

```
mlflow ui --backend-store-uri ./mlflow_runs
```

Ouvrez ensuite `http://localhost:5000` dans votre navigateur pour explorer vos expériences et artefacts. Si le port par défaut est occupé, utilisez `--port 5001`.

Comprendre les concepts fondamentaux

- **Experiments**: regroupent des exécutions liées
- **Runs**: stockent les métadonnées d'une session d'entraînement/évaluation
- **Parameters**: valeurs d'entrée enregistrées

- **Metrics**: résultats de validation
- **Artifacts**: fichiers tels que modèles et graphiques

Chaque exécution permet de consigner paramètres, métriques et artefacts, ce qui facilite la comparaison entre itérations.

Exemple : classificateur Iris avec scikit-learn

```
import mlflow
import mlflow.sklearn
from sklearn.datasets import load_iris
from sklearn.model_selection import train_test_split
from sklearn.linear_model import LogisticRegression
from sklearn.metrics import accuracy_score

mlflow.set_experiment("Iris_Classifier")

data = load_iris()
X_train, X_test, y_train, y_test = train_test_split(data.data,
data.target, test_size=0.2)

with mlflow.start_run():
    learning_rate = 0.01
    mlflow.log_param("learning_rate", learning_rate)
    clf = LogisticRegression(C=1/learning_rate, max_iter=200)
    clf.fit(X_train, y_train)
    predictions = clf.predict(X_test)
    acc = accuracy_score(y_test, predictions)
    mlflow.log_metric("accuracy", acc)
```

```
    mlflow.sklearn.log_model(clf, "model")
    print(f"Logged run with accuracy: {acc:.3f}")
```

Après avoir exécuté le script, rechargez l'UI de MLflow pour visualiser votre expérience *Iris_Classifier*. Vous y trouverez les détails des runs : horodatage, paramètres, métriques et artefacts de modèles prêts à être téléchargés.

Dépannage de l'installation

En cas d'erreurs :

```
pip install --upgrade pip setuptools wheel
```

- Sous Linux: `sudo apt install build-essential`
- Sous Windows: Install Visual Studio Build Tools

Réflexions finales

Cette configuration garantit la reproductibilité et un suivi propre des expériences, tout en facilitant une éventuelle migration vers des serveurs MLflow distants. Elle constitue également une base solide pour des logs avancés : métriques par époque, exécutions imbriquées et consignation personnalisée d'artefacts — éléments essentiels pour assurer la fiabilité des systèmes d'IA sur le long terme.

Enregistrer ce qui compte : enregistrer les métriques du modèle dans MLflow

Le suivi des performances d'un modèle dans le temps est essentiel pour les workflows d'IA en conditions réelles. L'API de suivi de MLflow permet un enregistrement structuré et reproductible des métriques clés comme la précision (*accuracy*), la perte (*loss*) et toute logique d'évaluation personnalisée.

Commencez par encapsuler votre logique d'entraînement dans un run MLflow (`mlflow.start_run()`), afin que les métriques, paramètres et artefacts soient enregistrés dans un contexte d'exécution unifié. Voici un exemple pour un problème de classification:

```
import mlflow
from sklearn.ensemble import RandomForestClassifier
from sklearn.metrics import accuracy_score, log_loss
from sklearn.model_selection import train_test_split
import pandas as pd

# Load and split dataset
data = pd.read_csv("classification_data.csv")
X = data.drop(columns=["target"])
y = data["target"]
X_train, X_test, y_train, y_test = train_test_split(X, y,
test_size=0.2, random_state=42)

try:
    with mlflow.start_run():
```

```
        model = RandomForestClassifier(n_estimators=100,
random_state=42)
        model.fit(X_train, y_train)
        y_pred = model.predict(X_test)
        y_pred_proba = model.predict_proba(X_test)

        acc = accuracy_score(y_test, y_pred)
        loss = log_loss(y_test, y_pred_proba)

        mlflow.log_metric("accuracy", acc)
        mlflow.log_metric("log_loss", loss)
        mlflow.set_tag("model_type", "RandomForestClassifier")
except Exception as e:
    print(f"MLflow Logging Error: {e}")
```

Dans l'interface MLflow, chaque run enregistre la précision, la perte log, les horodatages et les tags du modèle, ce qui facilite la comparaison et le suivi des améliorations.

Enregistrement pour la régression

Les tâches de régression suivent un schéma similaire, mais avec des métriques différentes:

```
from sklearn.linear_model import LinearRegression
from sklearn.metrics import mean_squared_error, mean_absolute_error

try:
  with mlflow.start_run():
```

```
    reg = LinearRegression()
    reg.fit(X_train, y_train)
    preds = reg.predict(X_test)

    mse = mean_squared_error(y_test, preds)
    mae = mean_absolute_error(y_test, preds)

    mlflow.log_metric("mean_squared_error", mse)
    mlflow.log_metric("mean_absolute_error", mae)
    mlflow.set_tag("problem_type", "regression")
except Exception as err:
  print(f"Regression Logging Failed: {err}")
```

MLflow affiche immédiatement ces métriques, ce qui permet de filtrer et de comparer facilement les différentes exécutions.

Enregistrement de métriques personnalisées

Vous pouvez enregistrer n'importe quelle métrique personnalisée, comme le coefficient de corrélation de Matthews (MCC) :

```
from sklearn.metrics import matthews_corrcoef

try:
    with mlflow.start_run():
        mcc = matthews_corrcoef(y_test, y_pred)
        mlflow.log_metric("matthews_corrcoef", mcc)
except Exception as e:
    print(f"Custom Metric Logging Error: {e}")
```

Versionnage de jeux de données

Pour une meilleure reproductibilité, MLflow prend également en charge le suivi des versions de jeux de données :

```
import mlflow.data

try:
    dataset_src = mlflow.data.from_pandas(
        df=X_train,
        source="s3://your-bucket/dataset.csv",
        name="training-data-v1"
    )
    mlflow.log_input(dataset_src, context="training")
    mlflow.log_param("dataset_version", "v1.2")
except Exception as e:
    print(f"Dataset Logging Error: {e}")
```

Ces pratiques alignent données, code et résultats pour assurer une transition fluide du développement à la production.
Une fois les métriques et les entrées enregistrées, l'interface MLflow les regroupe et les visualise automatiquement. Ces artefacts deviennent la base de tableaux de bord et d'analyses comparatives — permettant des décisions éclairées et une optimisation continue.

Visualiser le succès : analyser les résultats avec les outils MLflow

Les outils de tableau de bord de MLflow permettent aux équipes de surveiller rapidement les métriques clés et d'identifier les tendances.
Dans l'interface de suivi, accédez à votre expérience, ouvrez l'onglet « Charts » ou « Visualize », et sélectionnez des métriques comme l'accuracy, la loss ou le score F1. Utilisez la barre de filtres pour isoler les exécutions par tag, paramètre ou utilisateur. Les recherches sauvegardées offrent des vues personnalisées — utiles pour des tableaux de bord orientés rôle, tels que « Métriques du modèle » pour les data scientists ou « Résumé des KPI » pour les dirigeants.

Personnalisation des tableaux de bord selon le rôle de l'équipe

Cliquez sur « Configure Columns » pour personnaliser les tables, mettre en évidence les colonnes importantes et utilisez « Group by » pour organiser les exécutions par type de modèle ou version de dataset.
Ajoutez des vues de comparaison pour inspecter les exécutions côte à côte.
Les data scientists peuvent se concentrer sur les hyperparamètres et la perte de validation, tandis que les managers peuvent privilégier la préparation au déploiement et l'impact métier.
Enregistrez chaque vue avec des étiquettes claires pour y accéder rapidement.

Filtrage, regroupement et navigation dans les données

Utilisez des filtres avancés dans la barre de recherche, par exemple : `params.optimizer = 'adam'` pour cibler une configuration spécifique.
Combinez les filtres avec des opérateurs logiques, par exemple :

`params.batch_size = 32 AND tags.build = 'production'`. Regroupez les exécutions par n'importe quel paramètre ou tag afin de mettre en évidence des tendances au sein de familles d'expériences similaires. Basculez entre les vues groupées et non groupées pour alterner entre synthèse et détails.

Créer des graphiques comparatifs et des analyses multi-modèles

Utilisez la fonction « Compare » pour visualiser des métriques à travers plusieurs exécutions. Créez des graphiques linéaires ou en barres comparant l'accuracy, la loss ou des KPI personnalisés.
Par exemple, visualisez comment la taille de batch ou le taux d'apprentissage influencent la performance du modèle. Comparez des architectures — ex. CNN vs. ResNet — sur des métriques comme la perte de validation ou le temps d'inférence. Ajoutez des notes pour contextualiser et faciliter la prise de décision collaborative.

Analyse des tendances longitudinales avec traçage graphique

Suivez les progrès en traçant les métriques dans le temps. Sélectionnez une métrique (par ex. *accuracy*), définissez l'axe X sur le temps ou les époques, et activez le lissage pour clarifier les tendances. Utilisez ces graphiques pour identifier des régressions (pics), des améliorations (courbes ascendantes) ou une stagnation (plateaux). Ces informations orientent l'ajustement et aident à prioriser les expériences

Génération et personnalisation de rapports partageables

Exportez les tableaux de bord via le bouton « Export » — choisissez HTML ou PDF. Incluez des visuels, des tableaux filtrés et des comparaisons de métriques.

Pour les rapports techniques, ajoutez les données brutes, les grilles d'hyperparamètres et des annotations.
Pour les dirigeants, mettez en avant les résultats métiers et les prochaines étapes. Partagez les rapports par email ou via des plateformes internes pour maintenir tous les acteurs informés.
En maîtrisant ces outils de visualisation, les équipes accélèrent l'itération, renforcent la transparence et relient l'expérimentation aux objectifs stratégiques.

Boucler la boucle : stratégies d'itération pour une surveillance plus intelligente de l'IA

Les informations issues de la surveillance constituent la base de l'amélioration continue des projets d'IA. En collectant des données ciblées tout au long du cycle de vie du modèle, les équipes peuvent réagir rapidement aux problèmes de performance, optimiser les fonctionnalités et progresser grâce à des boucles de rétroaction structurées.

Ajustement des modèles piloté par le feedback

Lorsqu'un modèle de classification sous-performe en raison d'un *data drift*, les tableaux de bord MLflow peuvent mettre en évidence des baisses de précision ou de rappel. Les journaux d'importance des variables aident à identifier les segments défaillants. Les équipes utilisent ensuite les exécutions historiques pour ajuster les hyperparamètres et valider les améliorations.

```
import mlflow
from mlflow.tracking import MlflowClient

client = MlflowClient()
```

```
runs = client.search_runs(experiment_ids=["0"], filter_string="metrics.auc <
0.8")
for run in runs:
    print(f"Run {run.info.run_id} - Learning Rate: {run.data.params['lr']},
AUC: {run.data.metrics['auc']}")
```

Grâce à ces informations, les équipes peuvent ajuster la régularisation ou le taux d'apprentissage, puis surveiller les améliorations lors des futures exécutions. Ce processus itératif — identifier, ajuster, valider — favorise des gains réguliers en précision et une meilleure maturité des processus.

Systèmes de détection des anomalies

Pour prévenir les défaillances, MLflow suit des métriques personnalisées comme les pics de latence ou la dérive des variables. Les seuils sont définis à partir des moyennes historiques. Les dépassements peuvent déclencher des alertes via des outils comme Slack ou PagerDuty :

```
alerts:
  - metric: latency
    threshold: 500
    action: notify_slack
```

L'intégration d'outils d'observabilité (par ex. Datadog) avec MLflow améliore la précision de la détection. Les équipes examinent les faux positifs chaque mois pour recalibrer les seuils et réduire la fatigue liée aux alertes.

Bonnes pratiques de documentation

Documentez chaque cycle d'ajustement avec des modèles standardisés :

```
#### Experiment: Increased L2 Regularization
- Date: 2024-04-15
- Hypothesis: Reducing overfitting by increasing regularization
- Baseline AUC: 0.772
- New AUC: 0.804
- Data Version: v1.13
- Notes: Improvement in segment X, minor drop in recall for segment Y
```

Stockez les journaux dans un emplacement centralisé lié aux identifiants de run MLflow. Cela améliore la transparence, l'intégration des nouveaux membres et la capitalisation des connaissances.

Mise en place du processus de revue

Les équipes organisent des sessions régulières pour analyser les tableaux de bord MLflow. Les valeurs aberrantes déclenchent une analyse des causes profondes et la création de tâches. Par exemple, une baisse de la précision dans un segment client peut mener à un item dans le backlog pour un réentraînement. Les évaluations d'impact guident la priorisation : les problèmes à haut risque sont traités en priorité, tandis que les risques moindres sont planifiés dans des sprints futurs.
Des revues structurées et une formation inter-équipes conduisent à un meilleur code et à des modèles plus fiables — transformant les informations issues du monitoring en valeur continue.

Mettre tous les éléments ensemble

Il est maintenant clair que le monitoring constitue la base d'un développement IA robuste — et que MLflow renforce ce processus grâce au suivi, à la visualisation et aux boucles de rétroaction continues. Munies de ces outils et techniques, les équipes peuvent détecter les problèmes de manière proactive, maintenir une traçabilité complète et itérer en toute confiance.

Ces pratiques renforcent non seulement la performance et la fiabilité, mais aussi la confiance des parties prenantes. Qu'il s'agisse de passer à la production ou d'expérimenter de nouveaux modèles, MLflow devient l'épine dorsale d'un flux de travail IA durable.

À l'avenir, l'application de ces stratégies sera essentielle pour les équipes qui construisent des systèmes d'IA réels, prêts pour le déploiement et le passage à l'échelle.

Chapitre 8
Des projets à la paie : utiliser votre travail pour décrocher un emploi en IA

Comment transformer des projets d'IA en véritables opportunités professionnelles ? Qu'est-ce qui fait qu'un portfolio se démarque dans un marché saturé ? Comment expliquer clairement votre travail en entretien afin de démontrer non seulement vos compétences techniques mais aussi votre impact concret ?
Ce chapitre vous guide pour transformer vos projets d'IA en outils convaincants de progression de carrière. Vous apprendrez à construire un portfolio GitHub accrocheur, à communiquer la valeur de vos projets lors d'entretiens, et à optimiser vos profils comme LinkedIn et votre CV. Nous aborderons aussi la gestion des candidatures, la préparation aux entretiens techniques et comportementaux, ainsi que les stratégies pour rester compétitif une fois votre premier poste obtenu.

Construire un portfolio GitHub qui se démarque

Présenter efficacement vos travaux en IA sur GitHub peut ouvrir la voie à des entretiens et à des offres d'emploi. Les recruteurs jugent souvent un projet en un coup d'œil : une structure claire, une documentation solide et des preuves de réussite sont donc essentielles. La visibilité est tout aussi importante que la présentation — surtout pour les responsables techniques du recrutement.

Nommer ses dépôts GitHub

Le nom d'un dépôt est votre première opportunité de communiquer son objectif. Privilégiez des titres descriptifs et riches en mots-clés plutôt que des noms cryptiques ou trop ludiques. Par exemple :

- ✓ `object-detection-yolov8-pytorch`
- ✓ `sentiment-analysis-bert-finetuning`
- ✓ `fraud-detection-xgboost-credit-card-transactions`
- ✗ `SuperNetV2`
- ✗ `ProjectX_2024`
- ✗ `MLFinal`

L'objectif est de rendre immédiatement évident ce que fait le projet, quels outils il utilise et dans quel domaine il s'inscrit. Si vous travaillez sur la classification avec TensorFlow, un nom comme `image-classification-tensorflow-cats-vs-dogs` permet de le comprendre tout de suite.

Cette approche améliore la visibilité dans les résultats de recherche et garantit que les parties prenantes techniques comprennent vos compétences en un coup d'œil.

README Documentation

Le fichier README est votre "pitch express". Il doit exprimer clairement l'objectif du projet, mettre en avant son impact et guider l'utilisateur dans son utilisation — le tout dans un ton professionnel et accessible.

Exemple d'ouverture efficace :
Ce dépôt contient un modèle basé sur BERT pour identifier l'intention des utilisateurs dans des tickets de support client. Le modèle a atteint 92 % de précision en classification d'intentions sur un jeu de données public d'e-commerce.

Composants clés :

- **Aperçu du projet** : résumez la tâche d'IA, l'approche et les résultats.
- **Technologies utilisées** : incluez des balises techniques claires (par ex. TensorFlow, HuggingFace, Docker)
- **Installation**:

```
pip install -r requirements.txt
python app.py
```

- Usage:

```
python predict.py --input sample.txt
```

- **Caractéristiques uniques** : mentionnez brièvement les améliorations comme « Implémente l'augmentation Mixup » ou « Inclut le logging TensorBoard ».
- **Dépannage & Feedback** : les problèmes courants et un contact montrent du professionnalisme.

Utilisez le markdown pour plus de clarté, sans alourdir. Ajoutez des visuels légers (graphiques, captures d'écran, petits GIFs).

Matériel de démonstration

Les ressources de démonstration offrent une compréhension immédiate. Un court GIF ou une vidéo (< 1 min) montrant « input → modèle → output » suffit souvent.
Pour les démos techniques, utilisez des notebooks Jupyter bien organisés. Incluez :

- Des en-têtes Markdown (Intro, Entraînement, Inférence)
- Des cellules code + résultats ensemble (graphiques, matrices de confusion)
- Un bloc de configuration en haut du notebook : dépendances, version de Python, ressources nécessaires, lien vers Colab ou Hugging Face Spaces si applicable.

Gestion de l'historique des commits

Votre historique Git reflète votre manière de penser. Gardez vos commits ciblés, atomiques et descriptifs :

- ✓ `added data preprocessing pipeline`
- ✓ `implemented GRU model for forecasting`
- ✓ `refactored training loop, improved validation accuracy`

Évitez les commits vagues ou fourre-tout comme :

- ✗ `stuff`
- ✗ `final update`
- ✗ `misc fixes`

Un flux de commits sain pourrait ressembler à ceci :

```
[Init] add base directory & requirements.txt
Add exploratory data analysis notebook
Implement GRU-based model for time series
Refactor training loop for efficiency
Add evaluation script, update README with metrics
```

Utilisez des branches pour les expérimentations et fusionnez proprement afin de refléter les pratiques réelles de collaboration.

Des projets bien nommés, bien documentés et versionnés de manière professionnelle attirent non seulement l'attention des recruteurs — ils vous préparent aussi à des entretiens réussis et renforcent votre crédibilité sur le long terme.

Mettre en valeur ses projets en entretien

Communiquer l'impact

Présenter efficacement vos projets d'IA en entretien commence par mettre en avant leur valeur dans le monde réel. Encadrez vos projets en fonction du problème métier qu'ils résolvent : cela aide les recruteurs à relier votre travail à des résultats concrets. Exemple:

« En mettant en place un système automatisé de revue de documents, j'ai réduit de 75 % le temps d'analyse des contrats par rapport au traitement manuel. »

Pour une pertinence sectorielle : « Développement d'un modèle de détection de fraude ayant réduit de 30 % les faux positifs, garantissant des transactions clients plus sûres. »

« Faites des recherches sur l'entreprise et reliez vos réalisations à son domaine. Exemple : « L'optimisation de la prédiction d'itinéraires a augmenté l'efficacité de la flotte de 18 %, ce qui correspond directement à votre plateforme logistique basée sur l'IA. »

Quantifier les résultats

Utilisez des métriques précises :

- « Réduction du taux de défauts de 15 % grâce à la vision par ordinateur. »
- « Diminution de 50 % des cycles de modération via un classificateur de texte robuste. »

Ces chiffres fournissent une preuve claire de la valeur.

Discussion technique

Évitez le jargon. Structurez vos explications en commençant par les décisions de haut niveau, puis ajoutez des détails. Exemple :
« Nous avons choisi Random Forest plutôt que la régression logistique pour détecter des motifs non linéaires, ce qui a réduit les faux négatifs de 10 %. »

Exemples :

- « L'optimisation par recherche en grille a augmenté notre score F1 de 0,72 à 0,81. »
- « Nous avons privilégié la vitesse d'inférence en sélectionnant MobileNet plutôt que ResNet. »

Expliquez vos étapes de manière claire :
« Nous avons nettoyé les données, entraîné les modèles, utilisé la validation croisée, puis choisi le pipeline le plus efficace. »

Élaborer un récit de projet

Structurez vos réponses comme suit :

- **Situation**: « Les retards d'onboarding réduisaient le taux de conversion. »

- **Task**: “Build a document parser.” **Tâche** : « Construire un parseur de documents. »
- **Action**: « Mise en place d’un système OCR + NLP basé sur des règles. »
- **Result**: « Réduction du temps d’onboarding de 60 %. »

Mettez en avant les moments décisifs : « Quand les faux positifs ont explosé, j’ai re-étiqueté les données, ce qui a amélioré la précision de 20 %. »

Préparation des démos

Identifiez les points forts du projet (dashboards, scripts, notebooks). Répétez votre démonstration et préparez des diapositives incluant :

- L’objectif du projet
- Un résumé visuel des résultats
- Des captures d’écran de secours en cas de problème technique

Préparez des plans de contingence :

« Si le modèle ne se charge pas, je décrirai les étapes clés manuellement et expliquerai le processus de débogage. »

Structurez votre présentation clairement autour de :

- Le problème initial
- Les étapes de votre solution
- Les résultats mesurables

Cela renforce votre crédibilité et démontre votre sang-froid sous pression — des qualités essentielles dans des environnements de travail dynamiques et pilotés par l’IA.

Optimiser votre LinkedIn et votre CV pour des rôles en IA

Commencez par analyser plusieurs offres d’emploi en intelligence artificielle et dressez une liste des mots-clés récurrents tels que "`machine learning pipeline,`" "model interpretability," "cloud deployment," or "PyTorch." Intégrez ensuite naturellement ces termes dans votre résumé LinkedIn, vos compétences et vos expériences.

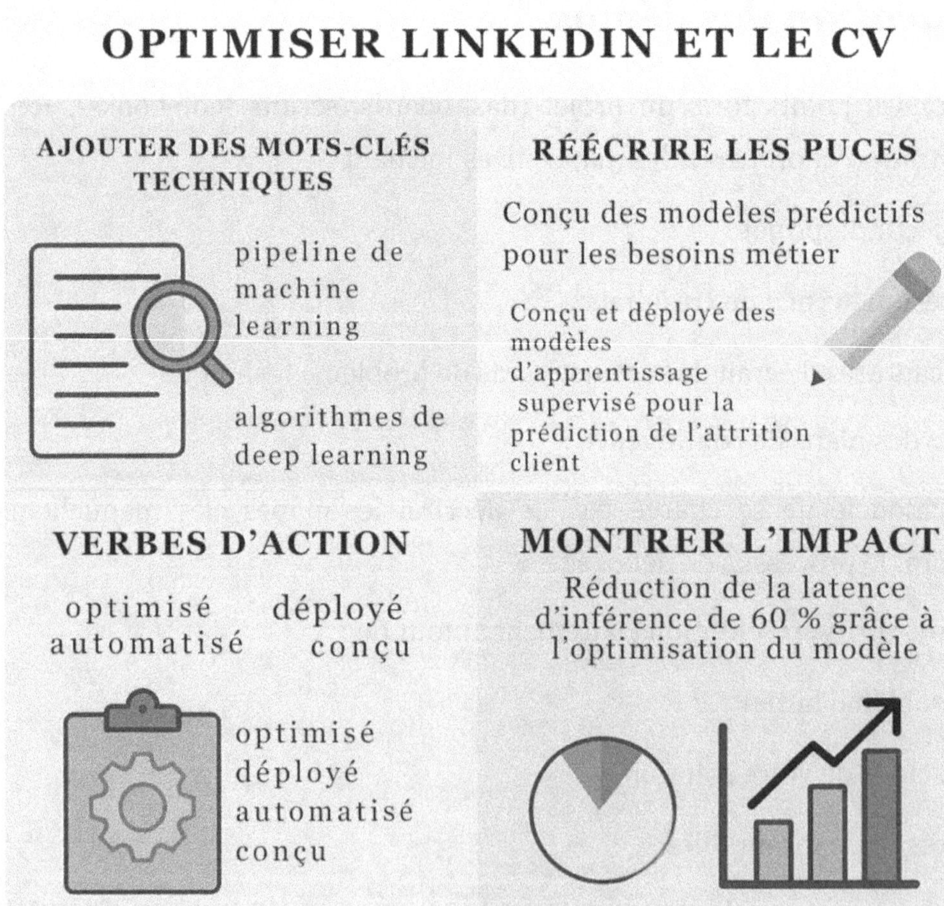

Intégrer les mots-clés d'IA dans votre profil

Au lieu de formulations vagues comme :

- « Construit des modèles prédictifs pour des besoins métier »

Soyez plus précis :

- « Conception et déploiement de modèles supervisés pour la prédiction du churn à l'aide de Python et Scikit-learn »

Ajoutez du contexte en mentionnant les outils et les résultats :

- « Développement de pipelines ETL évolutifs et de routines de prétraitement en Python/SQL pour des ensembles de données volumineux »

Mettre en avant les projets et les verbes d'action en IA

Utilisez un langage orienté impact :

- « Optimisé », « Automatisé », « Développé », « Intégré »

Combinez résultats et bénéfices concrets :

- « Réduction de la latence de 60 % grâce à la compression de modèles »
- « Automatisation du pipeline de réentraînement, réduisant le temps de déploiement de 30 % »
- « Augmentation de la précision de détection de fraude de 82 % à 91 % grâce à des modèles ensemblistes PyTorch »

- « Création de dashboards TensorBoard et Grafana pour une surveillance proactive, réduisant les temps d'arrêt de 45 % »

Formatez chaque rôle ou projet avec 2 à 4 puces claires, reliant explicitement le travail à l'impact pour l'utilisateur ou l'entreprise.

Mettre en valeur vos projets sur LinkedIn

Utilisez la section « À la une » pour ajouter :

1. Des PDF résumant vos projets en IA avec des visuels
2. Des liens GitHub vers le code et les notebooks
3. Des articles de blog expliquant vos démarches de résolution de problèmes
4. Des vidéos de démonstration ou des walkthroughs

Décrivez chaque élément de manière concise :

```
« Construit un résumeur basé sur Transformer ; amélioration du F1 de 0,63 à 0,74. Rapport complet et code source ci-dessous. »
```

Mettez régulièrement à jour avec vos distinctions, nouveaux projets et présentations.

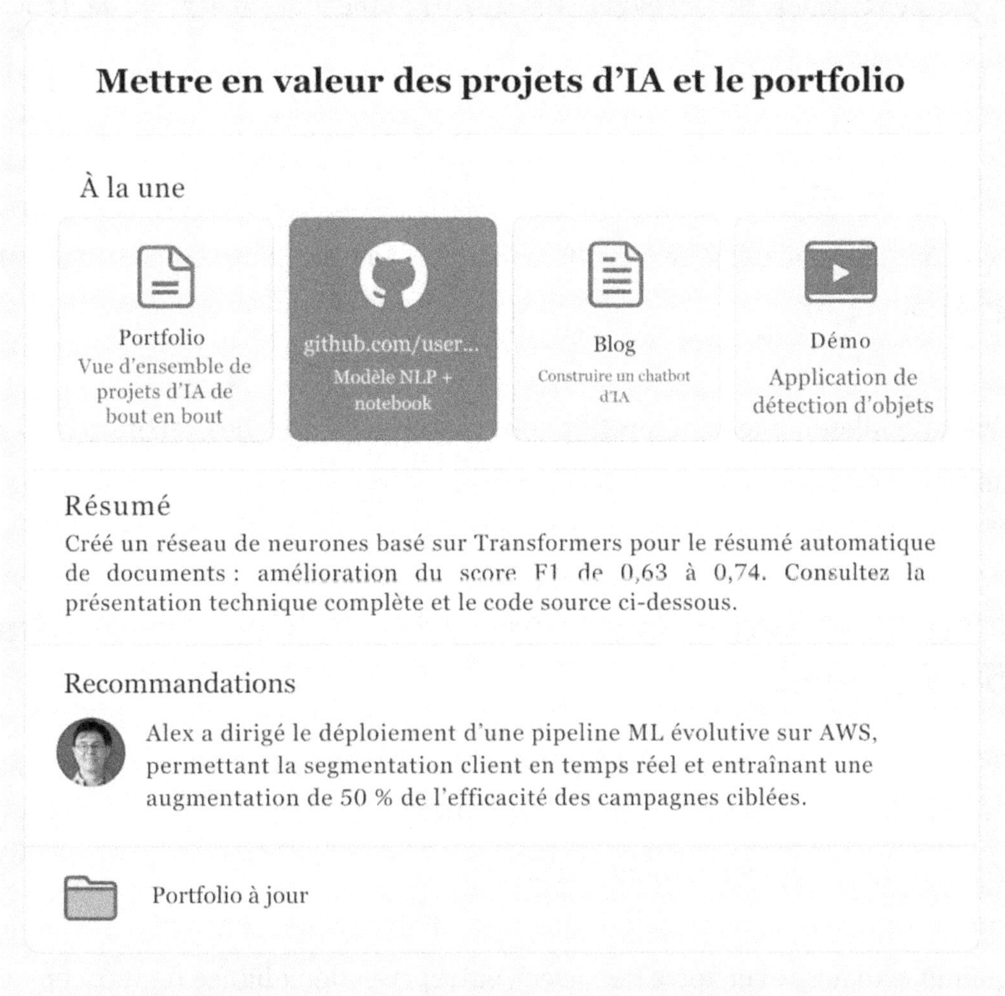

Obtenir de solides recommandations et validations

Placez vos principales compétences en IA comme "`Machine Learning,`" "`TensorFlow,`" ou "`Model Deployment`" dans la section Compétences. Limitez-vous à 10 compétences ciblées.

Demandez à vos mentors ou collaborateurs d'appuyer vos compétences et de rédiger des recommandations centrées sur des points précis :

```
« Peux-tu mentionner mon travail sur le pipeline de détection de fraude et les audits mensuels des données ? »
```

Exemples percutants :

```
« Alex a déployé un pipeline de ML évolutif sur AWS, améliorant le ROI des campagnes de 50 %. »
```

Actualisez régulièrement votre profil pour refléter vos nouvelles certifications, outils et résultats mesurables.

Le kit de carrière en IA : des candidatures turbochargées

Attirer l'attention des recruteurs en IA commence par un ciblage précis et l'utilisation des bons outils. Les e-mails aux recruteurs doivent être clairs et personnalisés, en reliant vos projets clés aux besoins de l'entreprise.
Pour un maximum d'impact, incluez une ligne d'objet ciblée, une brève introduction expliquant votre intérêt et votre lien avec l'entreprise, deux lignes mettant en avant un projet ou une réalisation pertinente pour l'offre, et une phrase expliquant pourquoi vous visez ce poste en particulier. Terminez avec une proposition pour les prochaines étapes.

Exemple :

Objet : Candidature - Ingénieur IA - [Votre Nom]

Bonjour [Nom du recruteur],
Je suis un développeur IA passionné par le déploiement de modèles de machine learning dans le domaine de la santé. Mon dernier projet, [Titre du projet],

```
a permis d'améliorer la précision diagnostique chez [Entreprise/Laboratoire
universitaire]. J'ai été ravi de découvrir votre offre pour un poste
d'ingénieur IA chez [Entreprise], car mon expérience correspond étroitement
à vos besoins, notamment en matière de déploiement de modèles à grande
échelle.
Je serais heureux de discuter de la façon dont je pourrais contribuer aux
objectifs de votre équipe. Quand serait-il possible d'échanger ?

Cordialement,
[Votre Nom]
[Lien LinkedIn/GitHub]
```

Pour vous assurer de ne pas perdre d'opportunités, il est crucial de tenir une checklist de suivi des candidatures.
Cette checklist doit inclure les champs suivants : Entreprise, Poste, Date de candidature, Méthode de candidature, Statut (Candidature envoyée / Entretien / Offre / Refus), Contact principal et Date de relance. Exemple fictif :

- Entreprise : HealthAI Solutions
- Poste : Data Scientist
- Date de candidature : 15/04/2025
- Méthode de candidature : Portail de l'entreprise
- Statut : Entretien
- Contact principal : Jamie Lee (jamie.lee@healthai.com)
- Date de relance : 22/04/2025

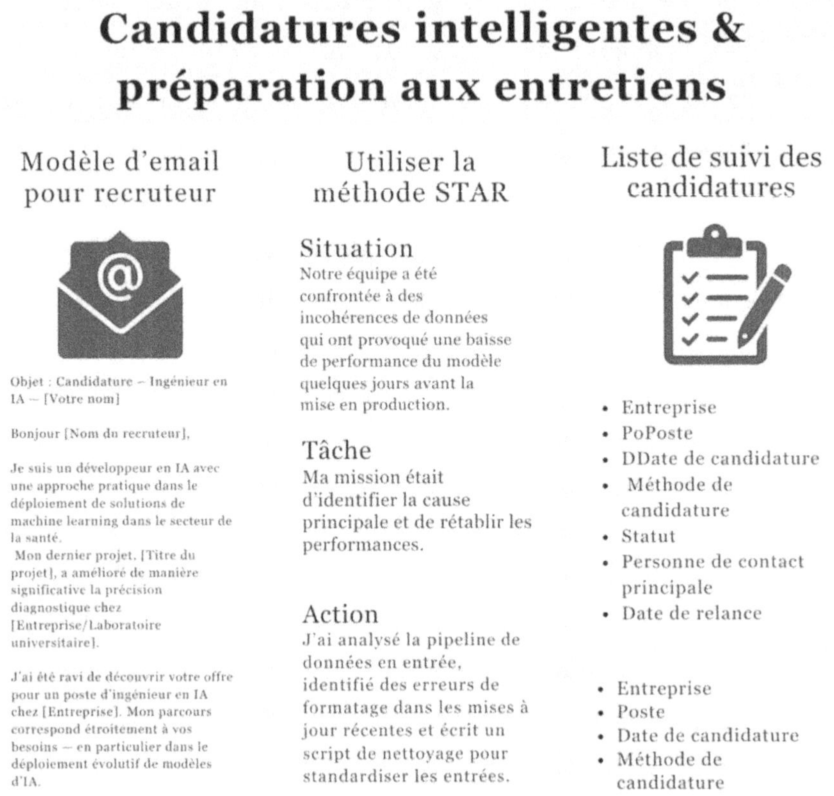

Des systèmes de suivi de candidatures comme Teamtailor ou Teal's Job Application Tracker permettent d'automatiser les rappels, de suivre les changements de statut et de générer des insights sur les candidatures ayant le plus de succès.

Lors des entretiens, les questions comportementales évaluent votre manière de résoudre des problèmes et de collaborer. Préparez des réponses selon la méthode STAR (Situation, Tâche, Action, Résultat) pour ces questions essentielles :

1. Parlez-moi d'un moment où vous avez résolu un problème technique difficile.
2. Décrivez un projet sur lequel vous avez travaillé avec des délais serrés.
3. Donnez un exemple de la façon dont vous avez géré un conflit d'équipe.

4. Partagez une situation où vous avez pris une initiative dans un projet d'IA.

Exemple de réponse STAR complète pour la première question :

- **Situation**: Notre équipe a rencontré des incohérences dans les données qui ont provoqué une baisse de performance du modèle, seulement quelques jours avant la mise en production.
- **Tâche** : J'étais chargé d'identifier la cause racine et de rétablir les performances.
- **Action** : J'ai analysé le pipeline d'entrée des données, identifié des erreurs de formatage dans les dernières mises à jour et écrit un script de nettoyage pour standardiser les entrées.
- **Résultat** : La précision du modèle s'est améliorée de 15 %, et nous avons pu respecter le calendrier de lancement, obtenant la reconnaissance de l'équipe.

Avoir plusieurs versions de vos récits STAR vous permet de les adapter durant les entretiens, que la question porte sur les compétences techniques, le travail d'équipe ou le leadership. Révisez vos réponses régulièrement en utilisant des plateformes comme Pramp et Interviewing.io pour des simulations d'entretien.

La négociation salariale peut sembler intimidante, mais l'utilisation de scripts clairs renforce la confiance. Lorsque vous recevez une offre, demandez poliment du temps pour l'examiner, recherchez les salaires moyens pour le poste sur Glassdoor, Levels.fyi ou Payscale, puis engagez la négociation de cette manière:

Vous : Merci pour cette offre. D'après mes recherches et les responsabilités du poste d'ingénieur en IA, j'attendais un salaire compris entre 110k$ et 125k$. Y a-t-il une flexibilité pour aligner l'offre davantage sur les taux actuels du marché ?

Recruteur : Nous apprécions votre retour. Nous pourrions peut-être ajuster légèrement.

Vous : Je vous remercie. En plus du salaire, pourrions-nous aussi discuter d'une prime de signature ou de jours de congés supplémentaires ?

Gérer les objections consiste à réaffirmer votre valeur tout en montrant de la flexibilité:

Recruteur : Notre budget est limité.

Vous : Je comprends et je suis enthousiaste à l'idée de rejoindre votre équipe. Y aurait-il une possibilité d'augmentation après six mois, en fonction des performances ?

Créer des modèles et des check-lists personnalisés mais efficaces signifie adapter les détails — en mentionnant par exemple les valeurs de l'entreprise, en utilisant les mots-clés des offres d'emploi et en personnalisant les exemples STAR pour les projets de l'entreprise ciblée. L'analyse des tendances de candidatures permet d'identifier quels types de dossiers génèrent le plus de retours, et d'ajuster votre stratégie de manière plus intelligente. Utilisez des documents visuellement cohérents et adaptez vos récits STAR pour garder un discours clair mais flexible. Évitez la sur-personnalisation, qui peut nuire à l'authenticité.

Fixez-vous des objectifs quotidiens — postuler à trois emplois par jour ou 10–15 par semaine. Suivez un taux de réponse d'au moins 20 %, et consacrez 3 à 5 jours à la préparation de chaque série d'entretiens. Les salaires pour les postes débutants en IA varient généralement entre 90k$ et 120k$, tandis que les ingénieurs seniors atteignent entre 130k$ et 170k$, selon la région et l'entreprise.

En appliquant méthodiquement ces outils — prospection efficace, suivi régulier, bonne préparation comportementale et négociation affirmée — vous vous placez sur une trajectoire de croissance continue et d'opportunités accrues dans le domaine de l'IA.

Rester pertinent et évoluer au-delà de votre premier poste

Se tenir informé et engagé dans l'industrie

L'évolution rapide de l'IA rend indispensable de suivre les tendances actuelles, les outils et les avancées pour progresser dans sa carrière. Plutôt que de se contenter de parcourir les gros titres, les professionnels peuvent prendre l'habitude de suivre des sources reconnues et d'interagir avec leurs communautés. S'abonner à des newsletters comme *The Batch* (deeplearning.ai), *Import AI* ou la newsletter IA d'O'Reilly offre un flux organisé de résumés de recherche et d'annonces de produits. Consacrez trente minutes par semaine à lire les dernières éditions, puis réfléchissez aux idées ou technologies pouvant enrichir votre travail. Approfondissez votre apprentissage en commentant des articles ou en rejoignant des forums liés à ces newsletters, tels que r/MachineLearning sur Reddit ou les discussions sur LinkedIn. Posez des questions ou partagez un retour d'expérience sur l'application d'une technique mentionnée dans un article récent. Ces actions favorisent une compréhension plus approfondie et accroissent votre visibilité auprès des pairs, renforçant ainsi un cycle de croissance et de création de réseau (Fauvel, 2025).

Organiser et faire évoluer votre portfolio

Un portfolio régulièrement mis à jour montre votre pertinence et votre engagement envers le développement continu. Établissez un calendrier de révision trimestriel — marquez le début de chaque trimestre pour mettre à jour vos dépôts GitHub ou votre site personnel. Ajoutez de nouveaux projets mettant en valeur vos compétences dans des domaines en vogue tels que l'IA générative ou l'IA responsable, reflétant les priorités actuelles du secteur (Loh et al., 2024). Avant d'ajouter un projet, demandez-vous s'il correspond à vos intérêts évolutifs ou s'il comble un manque de compétences. Pour chaque projet, rédigez un résumé clair mettant en avant le problème traité, votre solution et l'impact obtenu.

Évaluez vos projets existants selon des critères tels que la qualité du code, la compatibilité avec les frameworks récents, leur pertinence pour les rôles actuels et les retours reçus de collègues ou de critiques en ligne. Écartez les projets qui utilisent des bibliothèques obsolètes, manquent de documentation claire ou ne démontrent pas de compétences adaptées à vos postes cibles. Au lieu de conserver chaque projet secondaire, mettez en avant deux à quatre projets représentant votre meilleur travail le plus récent. Par exemple, en vous orientant vers l'IA responsable, remplacez d'anciens scripts de classification par des tableaux de bord d'explicabilité ou des études de cas sur l'analyse des biais (Loh et al., 2024).

Intégrez les apprentissages issus des newsletters sectorielles — par exemple, une nouvelle méthode d'optimisation présentée dans un blog — dans un projet réel de votre portfolio. Documentez ce qui a inspiré votre amélioration et ajoutez des liens ou de courts commentaires dans le README du projet pour montrer votre engagement actif avec les tendances du secteur (Fauvel, 2025).

Développer et entretenir des relations communautaires

Le réseautage stratégique va au-delà de l'accumulation de contacts sur LinkedIn. Identifiez des professionnels et organisations cibles via des outils comme Meetup, Eventbrite, ou des canaux Slack/Discord majeurs dédiés à l'IA (comme DataTalks.Club ou la MLOps Community). Choisissez une à trois communautés pertinentes et participez aux discussions deux fois par mois en partageant des ressources, en demandant conseil et en proposant votre aide pour des projets collectifs.

Cherchez des mentors via des plateformes comme ADPList ou les sections de mentorat de *Women in AI* ou *Black in AI*. Rédigez un message concis et personnalisé expliquant ce qui vous a attiré dans leur profil, vos objectifs professionnels et une compétence spécifique que vous souhaitez développer. Une demande directe telle que : « Seriez-vous disposé à discuter pendant 20 minutes de stratégies de déploiement de modèles à grande échelle ? » sera plus efficace qu'une requête générique de mentorat.

Contribuer à des projets open source, même par de petites pull requests ou de la rédaction de documentation, permet de créer des interactions significatives. Ces contributions favorisent la réciprocité et l'apprentissage collaboratif, tout en construisant des relations avec des praticiens expérimentés susceptibles de vous recommander ou de vous donner un retour sur votre travail.

Évaluez votre engagement dans le réseau en suivant le nombre de conversations significatives chaque mois, la qualité des réponses reçues à vos questions ou conseils, ainsi que la fréquence à laquelle de nouveaux contacts vous invitent à collaborer ou à partager des ressources.

Structurer et suivre ses objectifs d'apprentissage

Le développement professionnel s'épanouit grâce à des objectifs d'apprentissage clairement définis et mesurables. Au début de chaque trimestre, sélectionnez deux sujets techniques qui renforcent vos compétences clés — comme le prompt engineering pour l'IA générative ou la mise en œuvre de contrôles d'équité dans l'IA — et définissez des échéances. Par exemple : « Déployer une API d'inférence multi-modèles avec FastAPI et Docker d'ici la fin du trimestre. »

Décomposez les sujets plus vastes en sprints hebdomadaires. Si vous souhaitez maîtriser les outils d'interprétabilité en IA, définissez une feuille de route sur quatre semaines :

- **Semaine 1** — lire la documentation et les tutoriels SHAP et LIME ;
- **Semaine 2** — créer un projet de démonstration sur un jeu de données public ;
- **Semaine 3** — implémenter des fonctionnalités avancées ou combiner plusieurs méthodes ;
- **Semaine 4** — rédiger un billet de blog ou mettre à jour votre portfolio pour présenter vos résultats.

Suivez vos progrès avec des outils comme Notion, Trello ou un bullet journal. Planifiez des bilans d'étape avec des pairs de confiance ou des mentors afin d'obtenir un retour régulier. Célébrez vos accomplissements — comme l'obtention d'un micro-certificat sur Coursera ou la publication d'un nouveau projet dans votre portfolio — en partageant vos réflexions avec votre réseau ou via un post LinkedIn.

Mettez en place des points de contrôle récurrents pour ajuster votre plan d'apprentissage en fonction des exigences de vos projets ou des évolutions de l'industrie signalées dans les newsletters. La capacité d'adaptation, la documentation de vos acquis et le partage de vos apprentissages ferment la boucle entre formation et progression professionnelle.

Ces habitudes permettent aux spécialistes de l'IA de rester agiles, recherchés et épanouis dans un environnement de travail en constante évolution (Fauvel, 2025 ; Loh et al., 2024).

Tout rassembler

Vous disposez désormais d'une feuille de route claire pour construire des portfolios percutants, présenter vos projets efficacement en entretien, optimiser vos profils professionnels et gérer vos candidatures avec des outils pratiques. En appliquant ces stratégies, vous pouvez démontrer vos compétences avec assurance, communiquer l'impact de vos projets et interagir avec les employeurs de manière à mettre en avant votre préparation aux rôles en IA.

À l'avenir, continuez à affiner votre portfolio, à perfectionner vos récits d'entretien et à cultiver un état d'esprit d'apprentissage actif afin de rester pertinent et de progresser régulièrement dans le paysage de l'IA en pleine évolution. Cette approche proactive vous aidera non seulement à décrocher votre premier poste en IA, mais aussi à bâtir une carrière durable et enrichissante.

Conclusion

À la fin de ce livre, prenez un moment pour réfléchir au chemin parcouru depuis la première page. Ce parcours n'a jamais consisté simplement à apprendre une technologie ou à mémoriser un ensemble d'outils : il s'agissait d'une transformation guidée, conçue pour vous donner confiance et vous préparer à devenir un ingénieur en IA confiant et prêt à entrer sur le marché du travail. Chaque chapitre, chaque exercice et chaque projet ont été pensés pour vous faire passer de la curiosité à la compétence, en vous équipant non seulement pour comprendre l'intelligence artificielle, mais aussi pour l'appliquer, la déployer et, en fin de compte, contribuer à façonner l'avenir avec elle.

Dès le départ, vous avez suivi un parcours d'apprentissage pratique, orienté vers des résultats concrets. Cette approche, centrée sur les projets, ne s'est pas limitée à remplir votre arsenal de compétences : elle vous a permis d'acquérir la mentalité d'un bâtisseur, de résoudre des problèmes comme un ingénieur et de vous adapter comme un professionnel dans un domaine en constante évolution. En suivant ces étapes et en vous engageant pleinement dans chaque projet, vous avez appris à transformer des connaissances théoriques en compétences tangibles et valorisables — des compétences qui se démarquent dans le paysage compétitif actuel de l'IA.

Tout au long de ce livre, nous avons démystifié la discipline de l'ingénierie de l'IA. Vous avez découvert que maîtriser l'IA ne se limite pas aux algorithmes et aux modèles : c'est adopter un état d'esprit tourné vers la création, l'expérimentation et l'amélioration continue. Plutôt que de vous concentrer uniquement sur des concepts abstraits, vous avez relevé des projets concrets répondant à de véritables défis. Chaque étape franchie a contribué à un récit cohérent : acquérir de la maîtrise avec des outils modernes fondamentaux comme OpenAI API, HuggingFace, FastAPI, Docker et MLflow ;

comprendre comment ces technologies s'articulent entre elles ; et les utiliser pour concevoir des systèmes d'IA réels et déployables.

La compréhension des pipelines n'a pas été présentée comme une tâche isolée. Au contraire, vous avez vu comment chaque élément s'intègre dans un cadre global, indispensable à une progression de carrière durable. Construire une pipeline d'analyse de sentiment, déployer des modèles avec des conteneurs, concevoir des API évolutives et prêtes pour la production : chaque étape a enrichi la précédente, reliant théorie et pratique et renforçant votre capacité à créer de la valeur dans n'importe quel environnement d'IA.

En mettant l'accent sur des perspectives décisives, ce livre avait pour objectif de vous démarquer. Une des leçons les plus importantes est que l'apprentissage basé sur les projets devance largement l'étude purement théorique lorsqu'il s'agit de préparer à des carrières réelles. Les livres et les cours offrent des bases, mais c'est la pratique qui consolide l'expertise et constitue des preuves de compétence. En menant des projets de bout en bout — sans éviter le déploiement, le suivi et l'itération — vous avez appris à livrer des solutions d'IA qui fonctionnent non seulement dans des notebooks, mais dans le monde réel, où les utilisateurs exigent fiabilité et scalabilité.

Vous mesurez désormais l'impact du fine-tuning des modèles, en particulier dans des domaines de niche où les solutions générales échouent souvent. L'expérience de la sélection des données, de l'adaptation des modèles et de l'évaluation des performances vous a donné une compréhension pratique d'un des aspects les plus précieux de l'IA moderne. Et en constituant un portfolio bien conçu — un dossier qui reflète non seulement ce que vous avez construit, mais aussi la manière dont vous avez résolu des problèmes, tiré des leçons de vos échecs et itéré vers l'excellence — vous possédez un atout de carrière capable d'ouvrir des portes et d'accélérer votre transition d'apprenant à praticien.

Le chemin que vous avez parcouru n'a pas été facile. Avancer à travers ce contenu a exigé attention, persévérance et adaptabilité. Beaucoup d'entre vous ont dû concilier l'apprentissage avec des plannings chargés, surmonter des obstacles techniques et persister malgré des moments de frustration. Il est important de reconnaître l'engagement que représentent ces efforts. Mener à bien ces projets et ces chapitres constitue une réussite qui mérite d'être célébrée. Soyez fier du chemin parcouru et sachez que chaque défi relevé en cours de route vous a préparé aux exigences de l'ingénierie de l'IA professionnelle.

Mais le voyage ne s'arrête pas ici. Maintenir l'élan est essentiel dans un monde en mouvement rapide. À mesure que vous progressez, prenez l'habitude de mettre régulièrement à jour votre portfolio avec de nouveaux projets et des idées novatrices. Participez activement aux communautés vivantes et dynamiques de l'IA — qu'elles soient en ligne, lors de conférences ou dans des meetups locaux. Restez attentif aux tendances émergentes, aux nouveaux outils et aux meilleures pratiques. Fixez-vous des objectifs personnels clairs pour garantir un apprentissage continu et, dans la mesure du possible, alignez vos projets autonomes sur les tâches et besoins rencontrés en contexte professionnel. Intégrer l'expérimentation continue au travail réel approfondira votre maîtrise et maintiendra votre expertise à jour au fur et à mesure que le domaine évolue.

Surtout, ne poursuivez pas ce chemin dans l'isolement. L'une des façons les plus efficaces de consolider vos connaissances, d'obtenir des retours et de créer de nouvelles opportunités est de partager vos progrès et vos idées de manière ouverte. Contribuez à des projets open source, rédigez des articles de blog ou des tutoriels, participez à des groupes d'étude, ou mettez en valeur votre travail sur les réseaux professionnels. Ces actes de partage ne sont pas de simples activités périphériques — ils sont au cœur de la création d'un réseau solidaire et de la promotion de progrès tant personnels que collectifs en ingénierie de l'IA. En aidant les autres à apprendre, vous renforcez votre propre compréhension et contribuez à une culture d'éducation en IA accessible et pratique.

Merci sincèrement d'avoir choisi ce livre comme guide et d'avoir investi votre temps et votre énergie dans le développement de vos compétences. Votre volonté de vous engager avec des idées complexes, d'affronter des défis difficiles et de persister là où d'autres pourraient s'arrêter vous place parmi une nouvelle génération d'ingénieurs en IA. Votre parcours représente non seulement une progression personnelle, mais aussi une participation à un mouvement plus large visant à rendre l'IA puissante et responsable accessible et utilisable à travers les industries, les applications et les communautés.

À présent, alors que vous regardez vers l'avenir, je vous encourage à assumer pleinement votre trajectoire professionnelle. La feuille de route présentée ici — des principes fondamentaux au déploiement, de la maîtrise des outils à la création de portfolios impactants — est éprouvée et fiable, mais la véritable force qui soutiendra votre succès reste votre initiative et votre capacité d'adaptation. Abordez chaque nouveau projet avec confiance, en sachant que vous possédez à la fois les bases techniques et l'expérience pratique pour naviguer dans l'incertitude et surmonter les obstacles. Adoptez l'état d'esprit d'un explorateur permanent : expérimentez avec audace, apprenez sans relâche et considérez chaque défi comme une porte d'entrée vers une compréhension plus profonde et un impact accru.

N'oubliez pas que le domaine de l'IA est dynamique, façonné chaque jour par l'innovation et la découverte. La curiosité et l'apprentissage continu sont vos plus grands atouts. Considérez ce livre non comme un point final, mais comme une rampe de lancement — une base solide sur laquelle bâtir, affiner et élargir vos compétences indéfiniment. Avec les aptitudes, l'état d'esprit et le sens de la communauté que vous avez développés, vous êtes prêt non seulement à suivre le rythme de l'évolution de l'IA, mais aussi à y contribuer, à inspirer les autres et à jouer un rôle significatif dans l'avenir.

Votre parcours d'ingénieur en IA ne fait véritablement que commencer. Emportez avec vous la persévérance, l'ingéniosité et l'esprit de collaboration cultivés ici. Assumez votre chemin, soutenez les autres et continuez à construire. La prochaine avancée — voire le prochain grand saut de l'IA — pourrait bien commencer avec votre tout prochain projet.

Votre prochaine étape vers l'IA concrète

Vous venez d'acquérir l'état d'esprit stratégique, les compétences et les idées de projet nécessaires pour commencer votre parcours en tant que véritable ingénieur en IA.
Il est maintenant temps de mettre tout cela en pratique — et nous avons créé les outils pour vous y aider.

Téléchargez vos BONUS IA exclusifs, comprenant :
- **AI Starter Project Pack** – quatre répertoires GitHub prêts à cloner, personnaliser et mettre en valeur
- **AI Career Kit** – modèles de portfolio, modèles de CV et exemples de prompts pour les entretiens

Ces ressources complètent votre formation et vous aident à transformer votre apprentissage en résultats concrets.

scannez le code qr ci-dessous pour télécharger immédiatement les deux bonus.

Liste des références

Chapitre 1 - L'ingénierie de l'IA : un tremplin vers l'avenir

Hornberger, M., Bewersdorff, A., & Nerdel, C. (2023, January 1). *What do university students know about Artificial Intelligence? Development and validation of an AI literacy test.* Computers and Education: Artificial Intelligence. https://doi.org/10.1016/j.caeai.2023.100165

John Hopkins University. (2024, June 14). *The Impact of AI on the Engineering Field.* Johns Hopkins Engineering Online. https://ep.jhu.edu/news/the-impact-of-ai-on-the-engineering-field/

Jankowski, J. (2018, June 1). *The true history of spaced repetition.* SuperMemo. https://www.supermemo.com/en/blog/the-true-history-of-spaced-repetition

Job, A. (2025, June 5). *redShift Recruiting.* RedShift Recruiting. https://www.redshiftrecruiting.com/career-blog/ai-job-search-tools

Northwest, E. (n.d.). *Using Project-Based Blended Learning to Engage Career and Technical Education Students.* Education Northwest. https://educationnorthwest.org/insights/using-project-based-blended-learning-engage-career-and-technical-education-students

Schools, S. (2025, May 9). *Benefits of Project-Based Learning in Online Education.* Sora Schools. https://soraschools.com/blog/benefits-of-project-based-learning-in-online-education

Stine-Morrow, E. A. L., Payne, B. R., Roberts, B. W., Kramer, A. F., Morrow, D. G., Payne, L., Hill, P. L., Jackson, J. J., Gao, X., Noh, S. R., Janke, M. C., & Parisi, J. M. (2014,

December). *Training versus engagement as paths to cognitive enrichment with aging.* Psychology and Aging. https://doi.org/10.1037/a0038244

University Of San Diego. (2024, February 21). *4 Ways AI Impacts the Job Market & Employment Trends.* University of San Diego Online Degrees; University of San Diego. https://onlinedegrees.sandiego.edu/ai-impact-on-job-market/

Why Age 13-19 is ideal for Learning AI: The Science Behind Teen AI Mastery - LearnWithPride. (2025, May 31). Learnwithpride. https://learnwithpride.co.uk/why-age-13-19-is-ideal-for-learning-ai/

luminousmen. (2022). *Practical Guide to Navigating Tech Job Market: Job Search and Networking.* Blog | Iamluminousmen. https://luminousmen.com/post/practical-guide-to-navigating-tech-job-market/

Chapitre 2 - L'ingénierie de l'IA décryptée : fondamentaux et pièges à éviter

Artificial Intelligence vs. Machine Learning | CMU. (n.d.). Www.calmu.edu. https://www.calmu.edu/news/artificial-intelligence-vs-machine-learning

Benigni, A. (2025, February 26). *The Future of Software Development in the AI Era.* DEV Community. https://dev.to/alessandro_benigni/the-future-of-software-development-in-the-ai-era-nn2

Chiu, T. K. F., Ahmad, Z., Ismailov, M., & Sanusi, I. T. (2024, June 1). *What are artificial intelligence literacy and competency? A comprehensive framework to support them.* Computers and Education Open. https://doi.org/10.1016/j.caeo.2024.100171

Kalayjian, V. (2024, December 31). *Systems Thinking - Vazken Kalayjian - Medium*. Medium. https://kalayjian.medium.com/systems-thinking-31f25db98433

Masood, A. (2025, May 24). *AI in Project Management — How Generative and Agentic AI Are Redefining Strategy, Execution, and Value Delivery*. Medium. https://medium.com/@adnanmasood/ai-in-project-management-how-generative-and-agentic-ai-are-redefining-strategy-execution-and-ccfd45229e7b

OECD. (2025). *Skill needs and policies in the age of artificial intelligence*. OECD. https://www.oecd.org/en/publications/oecd-employment-outlook-2023_08785bba-en/full-report/skill-needs-and-policies-in-the-age-of-artificial-intelligence_fe530fbf.html

Sharps, S. (2024, November 8). *The Impact of AI on the Labour Market*. Institute.global; Tony Blair Institute. https://institute.global/insights/economic-prosperity/the-impact-of-ai-on-the-labour-market

What Is the AI Development Lifecycle? (2015). Palo Alto Networks. https://www.paloaltonetworks.com/cyberpedia/ai-development-lifecycle

aijobs.net will become foo🦍 - visit foorilla.com! (2024). Aijobs.net. https://aijobs.net/insights/ai-scientist-vs-machine-learning-research-engineer/

de Saint Laurent, C. (2018, November 30). *In defence of machine learning: Debunking the myths of artificial intelligence*. Europe's Journal of Psychology. https://doi.org/10.5964/ejop.v14i4.1823

Chapitre 3 - Les outils de l'ingénieur en IA : votre pile technologique moderne

Breaking Down the Web Application Deployment Process. (n.d.). Western Governors University. https://www.wgu.edu/blog/breaking-down-web-application-deployment-process2311.html

Daily Papers - Hugging Face. (2025). Huggingface.co. https://huggingface.co/papers?q=fine-tuning-as-a-service

Daily Papers - Hugging Face. (2025). Huggingface.co. https://huggingface.co/papers?q=dissemination%20of%20finetuned%20models

MLflow: A Tool for Managing the Machine Learning Lifecycle | MLflow. (2025). Mlflow.org. https://mlflow.org/docs/latest/ml/

MLflow. (2025). Mlflow.org. http://mlflow.org/classical-ml/experiment-tracking

Practical Guide for Model Selection for Real-World Use Cases | OpenAI Cookbook. (2025). Openai.com. https://cookbook.openai.com/examples/partners/model_selection_guide/model_selection_guide

Raman Bazhanau. (2024, October 7). *Preparing FastAPI for Production: A Comprehensive Guide.* Medium. https://medium.com/@ramanbazhanau/preparing-fastapi-for-production-a-comprehensive-guide-d167e693aa2b

Service, D. (2024, April 30). *FastAPI Best Practices: A Condensed Guide with Examples.* DEV Community. https://dev.to/devasservice/fastapi-best-practices-a-condensed-guide-with-examples-3pa5?context=digest

TheTechPencil. (2025, March 17). *OpenAI's New AI Toolkit - TheTechPencil - Medium.* Medium. https://medium.com/@TheTechPencil/openais-new-ai-toolkit-e5e563e26963

Vidya Ugare. (2024). *DOCKER CONTAINERS: REVOLUTIONIZING SOFTWARE DEPLOYMENT AND INFRASTRUCTURE MANAGEMENT*. Madhya Bharti - Humanities and Social Sciences UGC Care Group I Journal (मध्य भारती) ISSN: 0974-0066.
https://www.academia.edu/122500019/DOCKER_CONTAINERS_REVOLUTIONIZING_SOFTWARE_DEPLOYMENT_AND_INFRASTRUCTURE_MANAGEMENT

Chapitre 4 - L'art des chatbots : créer votre premier projet d'IA avec OpenAI

Amore Rossouw, & Smuts, H. (2023, January 1). *Key Principles Pertinent to User Experience Design for Conversational User Interfaces: A Conceptual Learning Model*. Lecture Notes in Computer Science. https://doi.org/10.1007/978-3-031-40113-8_17

Building an AI Chatbot Using Python and NLP. (2024, December 6). Alltius.ai; Alltius. https://www.alltius.ai/glossary/complete-guide-to-build-your-ai-chatbot-with-nlp-in-python

Building a Conversational Chatbot with GPT-4: Step-by-Step Guide. (2024). Artiba.org. https://www.artiba.org/blog/building-a-conversational-chatbot-with-gpt-4-step-by-step-guide

Botable Blog | Boost Efficiency: Chatbots & Continuous Feedback Loops in Your QMS. (2025). Botable.ai. https://www.botable.ai/blog/quality-improvement-feedback-loops-using-chatbots

GeeksforGeeks. (2024, January 6). *Develop an LLM Application using Openai*. GeeksforGeeks. https://www.geeksforgeeks.org/develop-an-llm-application-using-openai/

How to Contribute to Open-Source Projects – A Handbook for Beginners. (2023, September 6). FreeCodeCamp.org. https://www.freecodecamp.org/news/how-to-contribute-to-open-source-handbook/

Interactive Programs. (2020). Software Design. https://softdes.olin.edu/docs/projects/interactivity/

Janssen, A., Rodríguez Cardona, D., Passlick, J., & Breitner, M. H. (2022, December). *How to Make chatbots productive – A user-oriented implementation framework.* International Journal of Human-Computer Studies. https://doi.org/10.1016/j.ijhcs.2022.102921

SmythOS - A Comprehensive Guide to Conversational Agents and Chatbot Testing. (2024, November 4). SmythOS. https://smythos.com/ai-agents/conversational-agents/conversational-agents-and-chatbot-testing/

pygpt-net. (2023, April 14). PyPI. https://pypi.org/project/pygpt-net/0.9.3/

Chapitre 5 - Approfondir : le fine-tuning des modèles d'IA avec HuggingFace

AI Fine Tuned Models Strategy. (2025, May). Stratechi.com. https://www.stratechi.com/ai-fine-tuned-models-strategy/

Bhat, A., Coursey, A., Hu, G., Li, S., Nahar, N., Zhou, S., Kästner, C., & Guo, J. L. C. (2023, April 19). *Aspirations and Practice of Model Documentation: Moving the Needle with Nudging and Traceability.* ArXiv.org. https://doi.org/10.1145/3544548.3581518

GeeksforGeeks. (2017, November 21). *Cross Validation in Machine Learning.* GeeksforGeeks. https://www.geeksforgeeks.org/machine-learning/cross-validation-machine-learning/

Kerner, S. M. (2025, June 27). *Why your enterprise AI strategy needs both open and closed models: The TCO reality check*. VentureBeat. https://venturebeat.com/ai/why-your-enterprise-ai-strategy-needs-both-open-and-closed-models-the-tco-reality-check/

Resources for using Hugging Face with Amazon SageMaker AI - Amazon SageMaker AI. (2025). Amazon.com. https://docs.aws.amazon.com/sagemaker/latest/dg/hugging-face.html

Rao, S. (2025, June 14). *The Comprehensive Guide to Fine-tuning LLM - Data Science Collective - Medium*. Medium; Data Science Collective. https://medium.com/data-science-collective/comprehensive-guide-to-fine-tuning-llm-4a8fd4d0e0af

Srivastava, T. (2019, August 6). *Evaluation Metrics Machine Learning*. Analytics Vidhya. https://www.analyticsvidhya.com/blog/2019/08/11-important-model-evaluation-error-metrics/

Schmid, P. (2020). *philschmid-de-blog*. Huggingface.co. https://huggingface.co/datasets/philschmid/philschmid-de-blog

huggingface. (2020). *notebooks/transformers_doc/en/training.ipynb at main · huggingface/notebooks*. GitHub. https://github.com/huggingface/notebooks/blob/main/transformers_doc/en/training.ipynb

Chapitre 6 - Du notebook à l'application web : déployer l'IA avec FastAPI et Docker

10 Software Engineering Skills Needed to Lead in the AI Economy - The Quantic Blog. (2025, January 28). Quantic School of Business and Technology.

https://quantic.edu/blog/2025/01/28/10-software-engineering-skills-needed-to-lead-in-the-ai-economy/

AI: Community of Practice | Emerging Technologies. (2022). Columbia.edu. https://etc.cuit.columbia.edu/AI-community-of-practice

API Keys Security & Secrets Management Best Practices - GitGuardian Blog. (2023, March 9). GitGuardian Blog - Code Security for the DevOps Generation. https://blog.gitguardian.com/secrets-api-management/

API Key Best Practices: Keeping Your Keys Safe and Secure | Anthropic Help Center. (2025). Anthropic.com. https://support.anthropic.com/en/articles/9767949-api-key-best-practices-keeping-your-keys-safe-and-secure

Baker, J. (2023, September 21). *Docker Containerization Simplified.* DevOps Pros. https://opspros.com/docker-containerization-simplified/

FastAPI. (2023). *FastAPI.* Fastapi.tiangolo.com. https://fastapi.tiangolo.com/

First Steps - FastAPI. (n.d.). Fastapi.tiangolo.com. https://fastapi.tiangolo.com/tutorial/first-steps/

GeeksforGeeks. (2019, September 17). *Containerization using Docker.* GeeksforGeeks. https://www.geeksforgeeks.org/blogs/containerization-using-docker/

Salerno, P. (2024, November 15). *The Impact of AI and Automation on Software Development: A Deep Dive.* IEEE Chicago Section. https://ieeechicago.org/the-impact-of-ai-and-automation-on-software-development-a-deep-dive/

https://www.srainternational.org/people/srai-jra2. (2025, May 22). *Advancing Research Administration with AI: A Case Study from Emory University.* Srainternational.org. https://www.srainternational.org/blogs/srai-jra2/2025/05/22/advancing-research-administration-with-ai-emory

Chapitre 7 - Surveillance intelligente : suivi, journalisation et amélioration avec MLflow

Adelakun, B. (2022, December 30). *The Impact Of AI On Internal Auditing: Transforming Practices And Ensuring Compliance.* Finance & Accounting Research Journal; Fair East Publishers. https://doi.org/10.51594/farj.v4i6.1316

Anglen, J. (2024, September 19). *AI Agent Predictive Device Failure Detector: A Comprehensive Guide.* Rapidinnovation.io; Rapid Innovation. https://www.rapidinnovation.io/post/ai-agent-predictive-device-failure-detector

Crudu, A. (2024, March 22). *Leveraging Machine Learning for Predictive Testing in Software Development - Boost Quality and Efficiency.* Moldstud.com; MoldStud - Custom Software Development Company. https://moldstud.com/articles/p-leveraging-machine-learning-for-predictive-testing-in-software-development

How to add MLflow to your Kedro workflow — kedro 0.19.14 documentation. (2025, March 10). Kedro.org. https://docs.kedro.org/en/stable/integrations/mlflow.html

MLflow Dataset Tracking | MLflow. (2024). Mlflow.org. https://mlflow.org/docs/latest/ml/dataset/

M. Harshvardhan, Curtland, C., Hwang, J., VanDam, C., Ghozeil, A., Neto, P. A., Marie, F., & Liu, C. (2025, May 29). *Print Demand Forecasting with Machine Learning at HP Inc.* INFORMS Journal on Applied Analytics; Institute for Operations Research and the Management Sciences. https://doi.org/10.1287/inte.2024.0126

MLflow with Optuna: Hyperparameter Optimization and Tracking | MLflow. (2023). Mlflow.org. https://mlflow.org/docs/latest/ml/traditional-ml/tutorials/hyperparameter-tuning/notebooks/hyperparameter-tuning-with-child-runs

Oyefolu, O. (2025, January 14). *Introduction to MLflow: Tracking, Models, and Projects*. Medium. https://medium.com/@laoluoyefolu/introduction-to-mlflow-tracking-models-and-projects-a84c4cac2335

Slashdot. (2025). Slashdot.org. https://slashdot.org/software/ml-experiment-tracking/

Software Engineering Just Got Smarter: Inside the Rise of AI-Native Delivery. (2025). Ideas2it.com. https://www.ideas2it.com/blogs/ai-in-software-engineering

Chapitre 8 - Des projets à la paie : utiliser votre travail pour décrocher un emploi en IA

Brown, F. (2017, February 14). *TechnologyAdvice Guide to Applicant Tracking Systems*. TechnologyAdvice; TechnologyAdvice. https://technologyadvice.com/applicant-tracking-systems/

Best Practices for Optimizing a GitHub Profile? · community · Discussion #154875. (2025, March 24). GitHub. https://github.com/orgs/community/discussions/154875

Dwivedi, Y. K. (2023, August). *"So What If ChatGPT Wrote it?" Multidisciplinary Perspectives on opportunities, Challenges and Implications of Generative Conversational AI for research, Practice and Policy*. International Journal of Information Management. https://doi.org/10.1016/j.ijinfomgt.2023.102642

Fauvel, W. (2025). *AI-driven skill shift: The need for continuous upskilling. AMPLYFI*. Retrieved from https://amplyfi.com/blog/ai-driven-skill-shift-the-need-for-continuous-upskilling/

Free Resume Tools Archives · Page 2 of 7 · ResuFit. (2025, April 5). ResuFit. https://www.resufit.com/blog/tag/free-resume-tools/page/2/

How to Optimize a LinkedIn Profile in 2024? (2024, May 22). WORK on PEAK. https://workonpeak.org/how-to-optimize-a-linkedin-profile-in-2024/

Hall, B. (2024, April 12). *101 real-world gen AI use cases from the world's leading organizations*. Google Cloud Blog. https://cloud.google.com/transform/101-real-world-generative-ai-use-cases-from-industry-leaders

Loh, H.-H., Beauchene, V., Lukic, V., & Shenoy, R. (2024, October 8). *Five Must-Haves for Effective AI Upskilling*. BCG Global. https://www.bcg.com/publications/2024/five-must-haves-for-ai-upskilling

Resumes, Cover Letters, and LinkedIn - Making Waves Education Foundation. (2025, April 22). Making Waves Education Foundation. https://making-waves.org/career/resumes-cover-letters-and-linkedin/

Sonu, N. R. (2022, July 18). *How to create an effective GitHub project README?* Masai School. https://www.masaischool.com/blog/how-to-create-an-effective-github-project-readme-2/

À propos de l'auteur

Nathan J. Halridge est ingénieur en informatique, enseignant et mentor, avec plus de 20 ans d'expérience dans le développement logiciel et plus d'une décennie d'expertise pratique dans le domaine de l'intelligence artificielle.
Après avoir travaillé pour certaines des principales entreprises technologiques aux États-Unis, il a choisi de se consacrer à l'enseignement, avec pour objectif de rendre l'IA accessible à tous — aussi bien aux professionnels en reconversion qu'aux jeunes apprenants motivés.

Avec une formation académique en ingénierie et une carrière partagée entre la Silicon Valley et des start-up innovantes, Nathan est reconnu pour son approche claire et pragmatique de l'apprentissage technique.
Il a enseigné dans plusieurs universités américaines, contribué à d'importants projets open source et formé des centaines d'étudiants, les accompagnant du niveau débutant jusqu'aux applications concrètes.

À travers ce livre, il partage des outils, des stratégies et des enseignements éprouvés sur le terrain afin d'aider chaque lecteur à construire une base solide en ingénierie de l'IA — sans raccourcis, uniquement des conseils réels, concrets et directement exploitables.

Votre avis peut faire la différence...

Si ce livre vous a aidé à mieux comprendre l'ingénierie de l'IA ou a éveillé de nouvelles idées pour vos propres projets, je serais très reconnaissant de lire vos impressions sur Amazon.

Votre avis n'est pas seulement un précieux soutien pour ce travail — il peut aussi aider de nombreux autres lecteurs à trouver un guide pratique et fiable dans leur parcours.

Je vous remercie d'avance, sincèrement, pour le partage de vos impressions sur ce livre. Et merci du fond du cœur pour la confiance que vous m'avez accordée et pour avoir choisi de lire **Kit de démarrage en ingénierie de l'IA**

👉 [Scannez le code QR ou cliquez ici pour laisser un avis]

www.ingramcontent.com/pod-product-compliance
Lightning Source LLC
LaVergne TN
LVHW081132051026
849532LV00010B/3240
* 9 7 8 3 6 9 1 0 4 7 0 1 1 *